U0018451

唐卡

為自己選對一幅

THE SACRED THANGKA THAT SPEAKS TO YOU

西藏唐卡繪畫大師帶路，
讓你選對唐卡，
啟動自己的心靈聖境

蔣詠・辛傑◎著／繪
Jamyong Singye
林瑞冠、賴隆彥◎譯

我將此書獻給

我的根本上師金剛持慈尊第十二世廣定大司徒仁波切

我的母親茨仁·曲措

我的妻子彭措·卻准

我的好友瑪格·欣克爾（Margo Hinkel）

推薦序

一脈相傳、學養豐厚的唐卡畫師

蔣詠・辛傑（Jamyong Singye）先生是成長於佛教家庭的藝術家，從年輕時即追隨多位噶舉（Kagyu）傳承的大師學習，並接受西藏佛教各個傳統的完整教育。

他在具有正統繪畫的傳承與技藝的大師座下，專修西藏佛教藝術。西藏佛教的肖像畫有幾個主要的傳統，他跟隨其師傑嘎喇嘛（Gega Lama）學習的是其中的噶瑪嘎孜（Karmae Gardri）畫派，此派具有獨特的藝術風格與著色技巧。該畫派被十八世紀的八蚌寺住持（Palpung Thubten Choekhor Ling Monastic Seat）第八世大司徒丘吉・炯涅（8th Tai Situ Choekyi Jungney）妥善保存並發揚光大，因為他本人便是此一畫派最著名的畫師。

蔣詠・辛傑先生在唐卡繪畫的領域擁有豐富的資歷並全心投入此一傳承，本書資料翔實，必能利益許多對唐卡繪畫有興趣者。

我以虔誠的祈禱與祝福來支持並鼓勵他對本書的寫作。願它能利益一切眾生，並讓他們都能達到究竟佛果。

第十二世廣定大司徒巴（Kenting Tai Situpa）
金剛乘八蚌寺住持

THE TWELFTH TAI SITUPA

23/02/2012

Introduction:

Mr. Jamyong Singye an artist who grown up in family Buddhism since young age many great masters of Kagyu lineage and received education as per tradition of Tibetan Buddhism.

Main education of him was art of Tibetan Buddhism under genuine teachers who has lineage and skill of authentic traditional paintings. Tibetan Buddhist iconography has few major traditions and among that what he learned from his teacher Gega Lama was Karmae Gardri tradition which has unique style of art itself and mixing of color. This tradition is well preserved and style is developed more elaborately at the Palpung Thubten Choekhor Ling Monastic Seat by 8th Tai Situ Choekyi Jungney since he was most outstanding artist of his style.

Mr. Jamyong Singye with many years experience in the field of Thangka painting with his devotion to the lineage, he is writing this book which contents lots of information and it will certainly benefit to many individual who has interest about Thangka painting.

I support him with prayers and blessing to benefit writing by this book. May it become beneficial for all sentient beings and enable them to reach their ultimate destination which is Buddha-hood.

The Twelfth Kenting Tai Situpa
The Supreme Head of Palpung Monastic Seat of Vajrayana Buddhism

出乎意料的「迷你班」

慈尊大司徒（Tai Situ，或譯為「泰錫度」）仁波切的廣大全球弘法行程已經展開多年。那一年是一九八三年，我踏上前往夏威夷群島的旅途，正準備前去服侍仁波切。我曾經是一位僧人，於仁波切在印度八蚌智慧林（Palpung Sherab Ling Monastery）時，曾經擔任他的侍者一段時間，而我現在則是於仁波切旅行和教學期間負責服侍他。能夠服侍大司徒仁波切，我倍感歡喜和感恩，因為他是我的根本上師，而且累世都是我們家族的上師。

當飛機降落時，我滿心期待地來到這個美麗的群島，除了前去服侍大司徒仁波切之外，我也受邀在夏威夷大學開設一門有關西藏唐卡繪畫的課程。

這堂課是由夏威夷大學的兩位教授負責安排。可是，就在開課的前一天，負責安排這堂課的其中一位教授告訴我，只有三位學生選課。知道了這個訊息後，我開始憂心，因為為了開設這堂課，已經花費了許多時間和經費做準備，那些慷慨付出的善心人士一定會感到很失望。每個人原本都自信滿滿地認為，一定會有很多學生來選修「藏傳佛教的神聖藝術」（Tibetan Buddhist Sacred Art）這門課程。

當天晚上，我與慈尊大司徒仁波切一同用餐，仁波切洞悉我的心，他刻意問我發生了什麼事情。我向仁波切報告，只有三個學生選修我的課。仁波切說：「那麼，我問你一個問題。你出生時有幾百個人跟著你一起出生，還是獨自一個人出生呢？」我回答：「我是獨自一個人出生的。」仁波切又說：「既然你是獨自一個人出生的，那麼，現在你有機會利益三個人，這樣不是很好嗎？有許多人孤獨地出生，又孤獨地死去。所以，別難過，即使僅僅利益一個人也是很好的。」

聽完仁波切的一席話，我改以積極的態度，樂觀地迎接這個迷你班級。我心想，不論是一個學生或一百個學生，我都會很開心並且全力以赴。

到了隔天，出乎我意料之外地，教室裡竟然人潮爆滿。有更多的學生是在最後一刻才去選課，我真的很高興能看到他們。

自從那一次之後，我試著把仁波切的話謹記在心，而現在的我仍然秉持著同樣的精神，要與你分享我對於唐卡繪畫的認識。

謹以此書功德回向利益一切眾生，

願能為一切眾生帶來平安與快樂。

於加州舊金山　二〇一二年一月

唐卡，用「圖像」演繹佛教教義

依我個人的了解，「唐卡」一詞在藏語裡有兩種寫法，一種寫法是「Thangkha」，其中「Thang」表示「平坦」，「kha」表示「一碼　」；另一種寫法是「Thangka」，「Thang」同樣是「平坦」之意，而「ka」則代表「教義」。做為一個唐卡畫師，我個人對於唐卡的詮釋是：在平坦的紙面或布料上，將佛陀的教導立體化，而呈現在眾人的眼前。我會如此地詮釋是有其歷史淵源的，這要從佛陀時代說起。

看見唐卡聖像，如同看見本尊

佛陀在世時，有時也會舉行一些慶典儀式。通常，佛陀會帶領僧眾們出外乞食，而他總是走在隊伍的最前方，迎接的群眾們因而就能立刻看到佛陀帶領著僧眾前來。如果同一時間，慶典必須在其他地方進行的話，佛陀因無法同時出現在各地，此時，僧眾們便將佛陀的唐卡或銅像置於隊伍的最前方，以象徵佛陀與大家同在。人們雖然無法親睹佛陀的尊顏，可是看到唐卡或銅像中佛陀的聖容，仍然可以感覺到佛陀彷彿就在眼前。這就如同現在，當你造訪不同的寺院或佛教中心時，倘若該寺院的上師並未親身領導法會，你一定會發現在前方壇城、上師的座椅上放置著他的相片，以象徵上師與大眾同在。

唐卡在手，觀修法門如虎添翼

在西藏民間，每個家中的牆上都會掛著不同的佛菩薩或本尊的唐卡，表示佛陀或菩薩就在他們的生活周遭。雖然有些房子看似簡陋，但是因為牆上掛著唐卡，自然會散發出一種祥和的氛圍。同時，在藏傳佛教的觀修法門中，唐卡也具有相當重要的角色，修持者會端坐於唐卡前，實際觀修冥想唐卡中的諸佛形相，彷佛該尊佛或菩薩就顯現在面前，直接教導、引領修學者修持的功課。因此，擁有一幅正確繪製的唐卡，在個人修持上會有相當大的助益。

有了這番了解，大家便可以隨著我的帶領，認識唐卡藝術如何開啟於佛陀時代。

目次

PART 2 如何為自己選購一幅唐卡？

PART 3 一幅唐卡的完成與加持

圖版目次

序篇

畫師說唐卡

白度母

畫師說唐卡……壹

白度母唐卡
噶瑪嘎孜畫派
蔣詠・辛傑繪
19×28英寸・礦物顏料・2008

繪製緣起

西藏唐卡，有個美麗的起源，是源自於佛陀時代。

佛陀在世時，有時會舉行慶典儀式，通常佛陀會領頭走在道路的最前方，帶著僧眾們跟一般尋常人家乞食、祈福，迎接的群眾就能親眼看到佛陀。但是，如果慶典必須同一時間在其他地方進行的話，佛陀無法同時出現於他處，此時，僧眾便會繪製佛陀的唐卡或銅像，置於隊伍的最前方，象徵佛陀的同在。人們雖然無法親睹佛陀的尊顏，可是看到唐卡或銅像的佛陀聖容，便感受到佛陀彷彿就在眼前。這是唐卡能延續到今日的原因，象徵佛陀與此時此刻的我們同在，帶給我們一種美好的精神力量。

我是一個經過嚴格儀軌訓練的西藏唐卡畫師，深知每一幅唐卡都在向人們傳達這個美好的精神力量；甚且我所繪製的每一幅唐卡，幾乎都有一個特殊因緣，讓唐卡能連結到相應的人，得到圓滿的祝福。這幅白度母唐卡的因緣也是這樣。

此因緣是在美國佛州，我有一場公開演講介紹唐卡。當我結束演講，有位美國女士走過來向我表示，聽完我的演說之後，非常讚賞我的作品。她很想向我訂購一幅唐卡，但是她並不是佛教徒，不知該如何選擇。我向她展示所有我曾經繪製過的唐卡相片檔案，她仔細地看過後，表示對白度母及綠度母相當有興趣。但是，她只需要訂購一幅。於是，我告訴她，選擇一幅與她相應的唐卡是很重要的，請她回家後再度感受一下，哪一幅才是真正與自己相應的，等她決定後再來告訴我。隔日，她告訴我，她決定選擇白度母，因為她覺得白度母與她較為相應。我告訴她，這是很好的決定。

針對藏傳佛教修持者而言，倘若想要選擇一幅屬於自己修持上所需要的唐卡，最好先請示過自己的上師。如果是非佛教徒或藏傳佛教修持者，比方這位美國女士而言，最好先看過所有的唐卡，再由其中選擇與自己相應的會較為穩當。因為，她是非佛教徒，所以我尊重她的選擇並為她繪製了此尊白度母。

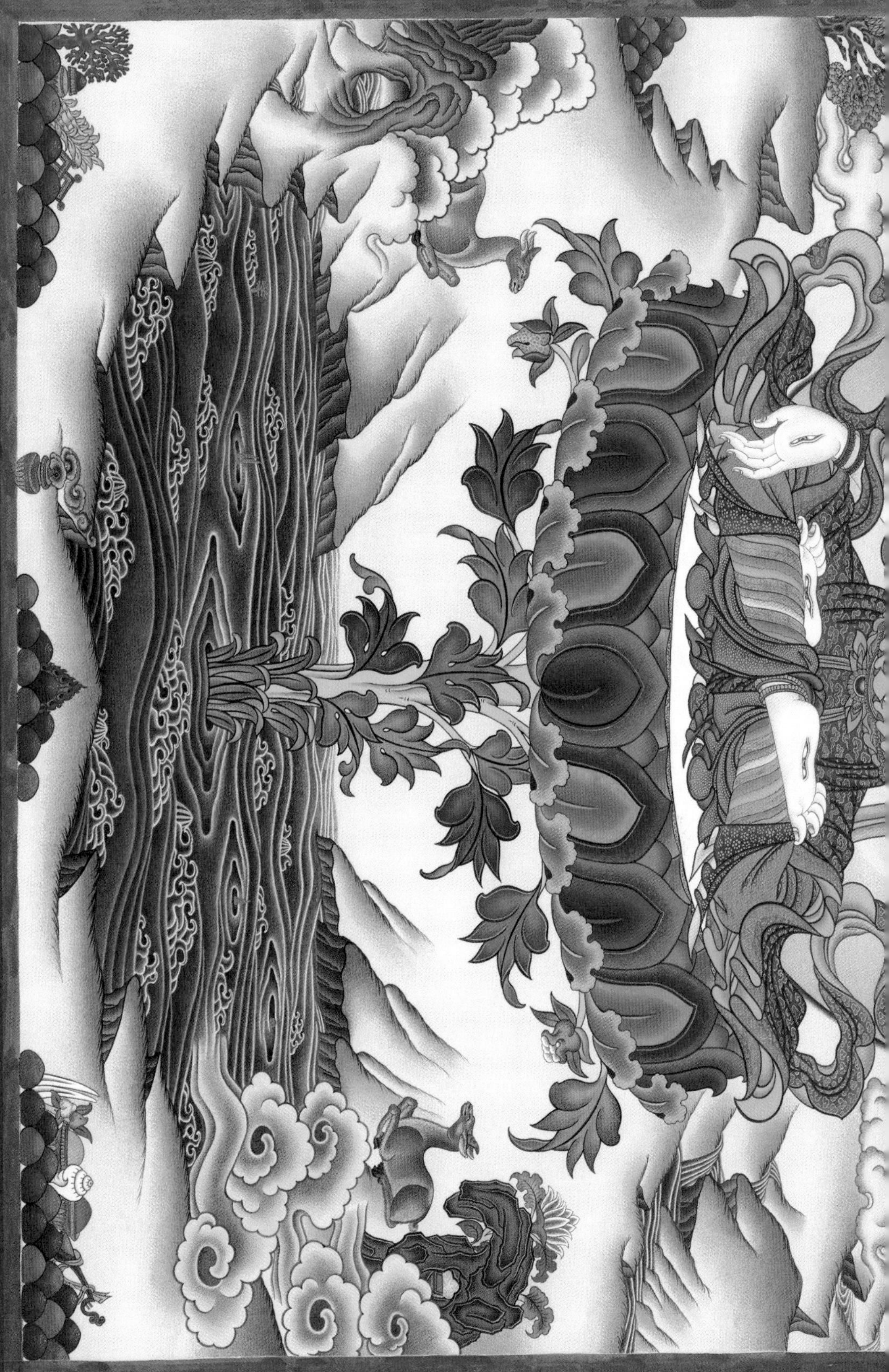

白度母是誰？

白度母純淨、安詳、美麗，相當於十六年華少女身。市面上一般所看到的白度母唐卡，多半呈現少婦般成熟的容顏為多，但是，根據法本，白度母應該是十六年華少女容顏。白度母的藏文名稱是Drolkar，又稱為增壽救度佛母，是觀世音菩薩的化身，也是二十一度母中的一員。在西藏佛教中，白度母、頂髻尊勝佛母與無量壽佛被合稱為「長壽三尊」。

不一樣的配色

此尊白度母唐卡，是以欣賞為主，並非用於個人修持，因此，我盡我所能將此度母表現到最完美。雖然未完全依照白度母法本的內容來繪製，不過，我仍然依照藏傳佛教上度母的基本繪製原則，只有部分做些微的改變。例如，度母背後的光圈應該是白色的月亮，在此我改為黃色調襯托度母，呈現出立體效果，達到最佳視覺感。除此之外，度母應該身著白色的上衣絲綢，我以橘色調呈現溫暖色彩，與度母的白色身相區分開來。

頭冠的變化

度母頭頂戴五佛寶冠，一般尺寸大的唐卡會繪製五佛於頭頂，尺寸小的唐卡較難以表現，所以繪製寶石冠象徵五佛。此外，這幅唐卡我繪製紅寶石冠於中央，代表阿彌陀佛。另外，我繪製四朵花於髮際兩側，代表四尊寶佛，詮釋女性柔雅的一面。

你看到了嗎？唐卡中也有你！

當你平視此唐卡時，度母的背景，由蓮花花莖延伸出湖面，度母坐臥在此蓮花上。下方有兩隻鹿坐臥兩側。鹿旁邊的洞穴內我畫上了一個小坐墊，代表這唐卡的擁有者，有空時可以想像自己坐在此洞穴內，聽著潺潺的湖水聲，跟白度母一起禪修。當然，這是我個人的想像與心意，也是我個人在此唐卡上的設計。

白度母身上的圖像元素，有特定的意義嗎？

白度母的容貌：

- 身如白水晶，代表清新，無染。
- 長髮深黑細緻如絲，一半髮髻於頂上，另一半垂散在兩側，部分自由披散於後。黑色象徵不滅。
- 臉上有三眼，雙手與雙足各生一眼，共有七隻眼睛，象徵七道解脫。七道指地獄道、餓鬼道、畜生道、阿修羅道、人道、天道、阿羅漢道。其中，阿羅漢尚未證得圓滿佛果。
- 耳際綻放的白蓮花，象徵不受輪迴與污染的自在。

白度母的身相與持物：

- 度母右手置於膝前朝上，此乃結「與願印」，象徵滿足眾生所願。（圖❷）
- 左手置於胸前，以拇指及無名指捻持著一朵蓮花於心間。此蓮花有三朵，一朵完全盛開，一朵盛開後略顯凋萎，另一朵為未開的花苞，三朵花皆源於同一花莖，分別象徵現在、過去與未來。（圖❶）
- 頭戴五佛寶冠，耳戴珠寶耳環，頸間穿戴短、中、長三串項鏈，腰間飾以各種珠寶及貴金屬，手臂手腕戴有釧鐲，腳上有踝飾，共有八種不同的珠寶飾品。珠寶代表證悟功德與事業。
- 度母披戴著披肩、裙、褲、綁腿、彩帶等五件不同的絲綢衣飾，再加上前述八種珠寶，象徵圓滿覺悟。
- 度母採金剛跏趺坐姿，坐臥於月輪的中央。背後的滿月如同光圈，彷彿從祂背後出現，實際上是由度母放射出的燦爛光球，此乃因祂的證悟而放射出如月亮般清新的光芒。

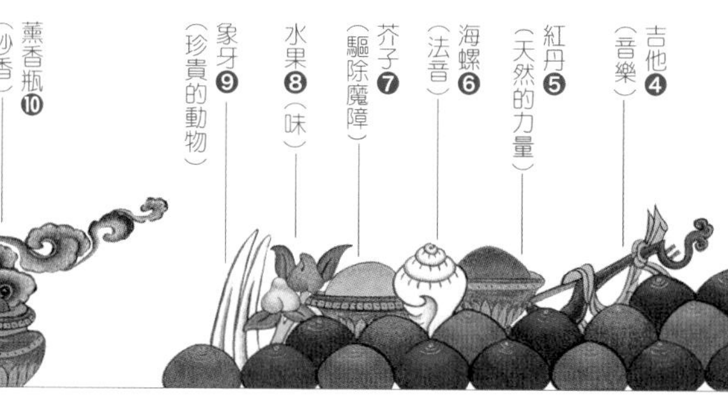

背景圖像與下方的吉祥聖物

- 此鹿非一般的野鹿，而是獨特的一種「慈悲鹿」。鹿象徵慈悲。（圖❸）
- 山水、樹、岩石、雲等，象徵自然的和諧。
- 紅、藍、綠、橘四色的摩尼寶，代表所求的一切淨妙願望，都能獲得實現。（下圖）
- 中央的摩尼寶之母周遭有著向上燃燒的火焰（象徵去除所有的負能量及障礙）（下圖）

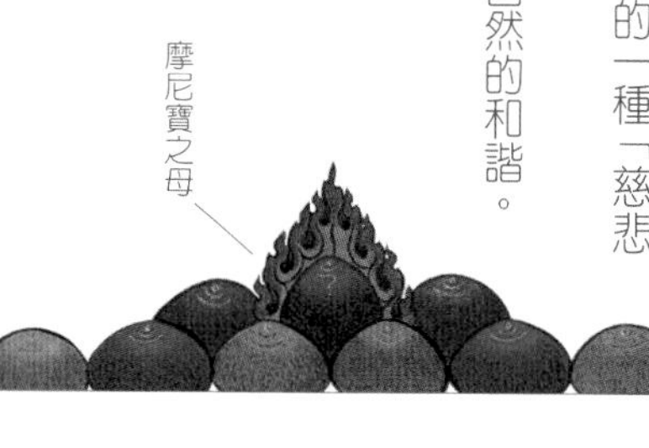

1
2
3
3
4
5
6
7
8
9
10
11
12
13
14

畫師說唐卡……貳

千手觀音

千手觀音唐卡
噶瑪嘎孜畫派
蔣詠・辛傑繪
18×30英寸・礦物顏料・1998

繪製緣起

說到千手觀音的繪製因緣，又是不同的故事。

訂購此千手觀音的是一對來自中國的夫妻，他們並非是虔誠的佛教徒，對於藏傳佛教也不太認識。不過，他們卻向我訂購了此千手觀音唐卡。據他們所說，只是單純欣賞罷了。

因此，當我開始繪製這幅唐卡時，我會觀想著千手觀音就在我的頭頂上方，我祈請觀音引領著我的手，透過此引領，讓這幅觀音表現出最佳的圖像。我感謝觀音的加持，使我得以順利完成此幅唐卡，並有很完美的展現。

我的訂購者看過之後，也表示非常喜愛，可是他們沒有專屬的佛堂或覺得適合的地方可以供養它，而他們也不想隨便掛置，所以要求我幫忙保管此唐卡。我告訴他們這幅唐卡是為他們而畫，這尊觀音是屬於他們的，如能放在他們身邊是最恰當的。不過，我仍然尊重他們的要求，幫他們把這幅唐卡帶回我家保管。

大約過了一個月之後，他們又來電話與我連絡，想要請回這尊千手觀音。他們表示，因為在退還此唐卡之後，身邊發生了一些障礙，雖然並無大礙，可是卻讓他們感受到與這尊觀音有了某種連結相應，他們覺得這幅唐卡應該供養在家，護佑全家。也因此，他們對於佛教信仰似乎更加地虔誠，並陸續又向我訂購了一些唐卡。

因為此一繪製因緣，讓我看見了這對夫妻由單純的欣賞唐卡，到後來與這幅觀音唐卡相應的經過。

不可思議的是這幅觀音唐卡，也連結了我與另一位居士的因緣。這位居士住在美國，她是虔誠的藏傳佛教徒，並且有自己的佛教中心。為了尋找一幅千手觀音唐卡，甚至去到了印度及尼泊爾，可是，終究無法找到她心目中的理想唐卡。有一天，她到印度晉見她的上師，並告訴上師，尚未找到適合的千手觀音唐卡做為修持之用，她的上師便推薦來找我。所以，當她回到美國後，馬上與我接洽，想看我的作品。正巧的是，我的手邊正好有這幅觀音唐卡，她看了相當喜愛，並且表示從未看過如此端莊圓滿的千手觀音，因此，請我為她繪製一尊大幅的千手觀音唐卡，我們也從此成為好朋友，一直到現在。不過，並非每一幅唐卡都會有這些因緣的產生，即使是身為畫師的我，也無法事先猜想得到的。

當你想要選購一幅千手觀音唐卡時，我的個人建議是先觀看此尊觀音的聖容，是否有讓你感覺到祂的慈悲祥和，這是非常重要的。依照法本上的觀音相，應該是面含微笑、容貌圓滿、秀麗端莊、明亮光耀的聖像。基本上，一幅好的觀音唐卡會讓你情不自禁地受攝於其尊容，感應到祂的慈悲與平靜。

觀音面容應該如何？

在噶瑪嘎孜畫派裡，千手觀音的外形，強調莊嚴、健美以及比例勻稱的身軀，來顯現出本尊端莊肅穆的一面，其面容是較年長成熟，宛如慈母一般。這尊唐卡的觀音聖像，乃是依照八蚌寺的千手觀音法本儀軌來繪製的。

一千隻手臂如何均勻散布在觀音周圍？

這一千隻手臂的繪製，是依照我所傳承的噶瑪嘎孜畫派的規格。由外向內的手臂數目各有不同，最外圍的第六圈有二四〇，第五圈有二一六，第四圈有一九二，第三圈有一六八，第二圈有一四四，第一圈有三十二，中央有八。依據藏傳佛教不同傳承的教導，手臂的配置以及手持物品的配置也有所差異。

十一張臉象徵什麼呢？

根據法本，在觀音頭頂上與阿彌陀佛頭像之間有十個面相，依照不同的解說有代表大乘菩薩修行的十個階段，亦有另外一種解說，是凝視著十個不同的方向救度眾生。若有修學者想了解細節的話，最好請示自己的上師，才能得到正確的解說。

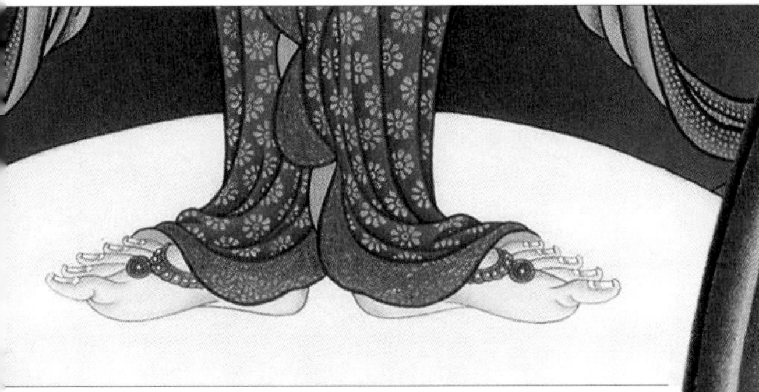

多頭多手的觀音，站得穩嗎？

千手觀音是以立姿站在蓮花坐墊上，腳跟併攏、腳掌向外呈八字形，而不會有向前傾或搖晃的現象。有些唐卡的觀音相採兩腳併攏且腳尖向前，所以當你看到此法身時，好像會有些失衡。又由於觀音聖像頭頂上繪製了十一張臉，中央部位又有一千隻手，因此如何保持全身的均衡感，關鍵就在腳底，所以腳底的繪製非常重要。

為何觀音頭上有一片雲？

身在唐卡中的背景部分，有些是我個人的構想。比如觀音聖像最頂上的中央，有個不動的雲彩，意喻著修持者的上師就坐在此雲端上。另外，也同時象徵著極樂淨土。有些畫師在雲朵部分的繪製，會加上佛陀或菩薩坐臥在不同的雲朵上。（圖❶）

天上的彩虹通往何處？

在觀音聖像上方，有四條彩虹往天上延展，代表著雲梯，表示千手觀音將救度的眾生牽引到天上的極樂淨土。（圖❷）

觀音身上的圖像元素，有特定的意義嗎？

觀音有十一面，這十一面從最上面說起：

- 紅膚的阿彌陀佛，象徵法身佛。（圖❸）
- 藍膚的怒目金剛手菩薩，象徵報身佛。（圖❹）
- 三層由紅、白、綠交替的法相，象徵應身佛。（圖❺）

觀音的手持物：

- 手持一朵白色蓮花，象徵純淨。（圖❻）
- 身披鹿皮，象徵慈悲。（圖❾）
- 手拿水瓶，象徵淨化。（圖❼）
- 手持寶箭與弓，象徵出離輪迴。（圖❽）
- 胸前雙手持摩尼寶，象徵無止境地實現所有願望。（圖❿）
- 水晶念珠，象徵無止境的念度，救度眾生遠離輪迴。（圖⓫）
- 右手仰掌向外，乃持與願印，象徵至上的給與。（圖⓬）
- 手持法輪，象徵佛法普遍流傳。（圖⓭）

下方的珍寶：

- 紅藍綠橘四色摩尼寶，代表所求的一切淨妙願望都能獲得實現。（圖⓮）
- 犀牛牙，代表珍貴的動物（圖⓯）
- 國王耳環（珍貴寶石，圖⓰）
- 王后耳環（珍貴寶石，圖⓱）
- 摩尼寶之母周遭有著向上燃燒的火焰，象徵去除所有的負面能量及障礙。（圖⓲）

- 吉他（象徵音樂，圖⓳）
- 寶瓶（無窮盡的滿足，圖⓴）
- 象牙（珍貴的動物，圖㉑）
- 佛陀的缽（象徵供養，圖㉒）
- 杜華草（象徵長壽，圖㉓）
- 紅丹（象徵天然的力量，圖㉔）
- 海螺（象徵法音，圖㉕）
- 水果（象徵味的供養，圖㉖）
- 牛黃（象徵藥物，圖㉗）
- 珊瑚（象徵珍貴寶石，圖㉘）

1
2
3
4
5
18
28
27
26
25
24
23
19
17
20
16
15
21
22
14

畫師說唐卡……參

黃財寶天王

黃財寶天王
噶瑪嘎孜畫派
蔣詠．辛傑繪
14×17英寸．礦物顏料．2013

繪製緣起

我花費了相當多的時間，繪製有關我第二本書的圖片。雖然，已經繪製並收集了不少，但我仍然覺得不夠。在二〇一三年的某一天，我仍然專注於繪製我第二本書的圖片時，突然間，有個想法來到我的腦海裡，提醒我說「圖片已經足夠了」。此刻，我回頭翻閱我所有的圖片檔案時，我頓然領悟到我的第二本書裡的圖片是夠多了，是應該停止繪圖的時候了。那一夜就寢前，我還告訴我自己，我很開心並慶幸我第二本書的圖片終究快完成，而我應該專注於文稿方面。可是，那一個晚上我做了一個夢，似乎有個回音告訴我說：「你的繪圖是快結束了，可是，你沒有一幅財寶天王圖片在你的書裡！」

因為我已經有一尊財寶天王的銅像，所以，我未曾想到要繪製一幅財寶天王的唐卡。我醒來後幾日，那個回音仍不停地迴盪在我的腦海裡，最後，我下定決心繪製一幅最具權威的財寶天王。可是，財寶天王有黃色、白色、黑色等不同的顏色，我應該選擇那一尊呢？最後，我決定了黃財寶天王，因為祂是所有財寶天王中最具權威的一位！

我在進行繪製此尊黃財寶天王的時候，很慶幸過程中相當順暢且圓滿。因為有時唐卡在繪製過程中，雖然盡力所為，仍舊會有某些外在障礙出現，進而影響到唐卡本身的品質。

誰是黃財寶天王？

黃財寶天王藏文名稱有Arya Jambala與Dzambala，梵名Vaisravana，即「毘沙門天」，是位掌管財寶富貴，護持佛法的善神，黃財寶天王亦是所有財寶天王中最具權威的一位。依據佛教經典的記載，釋迦牟尼佛在世時，黃財寶天王曾在佛前立下護持佛法的誓願，給與眾生財富，幫助其成就世間法。發心修持此天王法門者，祂會協助並滿足眾生之願，去除障礙及窮困之苦，增添財富、喜樂、長壽等資糧，以及達到究竟了悟的成佛境界。

誰偷了黃財寶天王的珠寶？

記得我年幼住在寺院時，相當好奇財寶天王的左手為何總是捉持著一隻鼬鼠，直到有一天，一位老喇嘛告訴我，因為黃財寶天王看管著許多的如意寶，可是，祂發現這些如意寶似乎有些不見了，四處尋找，卻找不到。最後祂發現了一隻擁有肥肚的鼬鼠四處流竄，並逐一吞食祂的如意寶。於是，將這隻鼬鼠捉起來並輕輕地擠壓牠的肚子，這時候，如意寶一顆顆地從牠的口中吐出來了。從此之後，財寶天王的左手總是抓著一隻鼬鼠。（是不是因為這緣故，我也無法證實。有興趣想修持此法門者，最好找位好的上師或喇嘛，了解細節，以助其修持上的圓滿！）老喇嘛還說，若有眾生辛苦工作，有優渥的收入，卻總是存不到錢的話，很適合在家放置財寶天王唐卡或銅像，可以防止財物流失。

請仔細看看細膩的線條筆法，將雪獅與鼬鼠的神態表現傳神。再看此二者身上的毛髮，部分採用點描法呈現出明暗的立體效果。

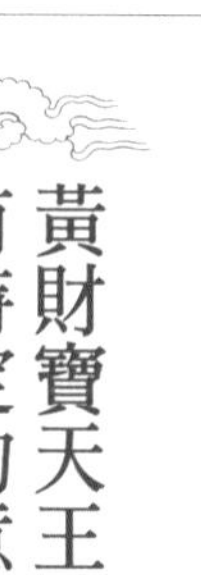

黃財寶天王身上的圖像元素，有特定的意義嗎？

黃財寶天王的容貌

■面相表達出一股威嚴凜然的氣勢，體態豐滿呈現富貴之氣。

■一面二臂，身黃色。

■頭戴寶石冠，象徵五佛。

黃財寶天王的身相及手持物

■右手持寶幢。(圖❶)

■左手抱持著一隻吐寶鼠。(圖❷)

■以雪獅為坐騎，安住於蓮花日輪上。(圖❸)

周邊配置

■財寶天王兩側的雲彩，掉落著許多的如意寶，是我個人加入的景象，象徵財寶如雨絲般的降落。(圖❹)

備註：在藏傳佛教不同派別法門中，有一些著作介紹各種不同本尊的象徵元素。據我所知，在噶舉傳承中蔣貢康楚仁波切在一些藏文儀軌中有相關的詮釋。

❶
❷
❸
❹

畫師說唐卡……肆

釋迦牟尼佛傳記故事

釋迦牟尼佛傳記唐卡
新噶瑪嘎孜畫派
第八世司徒班禪丘吉・炯涅繪
18×32英寸・礦物顏料・1726

繪製緣起

此幅唐卡的珍貴性，在於它是第八世司徒班禪丘吉・炯涅少數留在市面的親手畫作。丘吉・炯涅是西藏歷史上最著名的大師之一（他的轉世系統即當今的廣定大司徒仁波切），同時也是一位跨領域的大學者、大畫師。

他建立了宏偉的八蚌寺（Palpung Monastery）並重建其他無數的寺院，修訂了包含《甘珠爾》（*Kagyur*）、《丹珠爾》（*Tengyur*）與其他許多論疏在內的德格版大藏經。他憑藉著天賦異稟來作畫，二十三歲時，創作了一組最驚人且備受激賞的唐卡，這套曠世鉅作以一組十一張畫作描繪了〈八十大成就者〉。此外，他深契諸佛菩薩殊勝境界的修行功力，以及鳥瞰散點全景式透視的獨特技法，不僅開創了噶瑪嘎孜畫派的新紀元，也讓取材自釋迦牟尼佛傳記故事的唐卡無懈可擊（關於丘吉・炯涅的故事在本書第三章有更詳細的介紹）。

我很幸運在二〇〇〇年時能拍攝到這幅唐卡，要找到如此珍貴的唐卡是很難得的。司徒班禪丘吉・炯涅的這幅唐卡是系列之一，將它們湊在一起，便可能是有史以來最精美的唐卡。雖然此紀錄照有些模糊，但能夠穿越時空，在歷史動盪中保存下來，實屬不易。

唐卡中，哪裡令人大開眼界？

請注意其中山水與雲彩的景致，淡中透亮的顏色搭配過場的大片陰影，創造出光線與透視的效果，並營造出土地、河流、雲彩與光暈的扎實厚度與景深，創造出佛傳故事開展的空間。當你將唐卡拉開一個距離來看時，就好像是從空中鳥瞰一般，其中有許多的眾生與各種活動，有國王的庭院與宮殿，以及動物、山峰、洞穴、河流與湖泊等，就像3D立體圖般浮現。

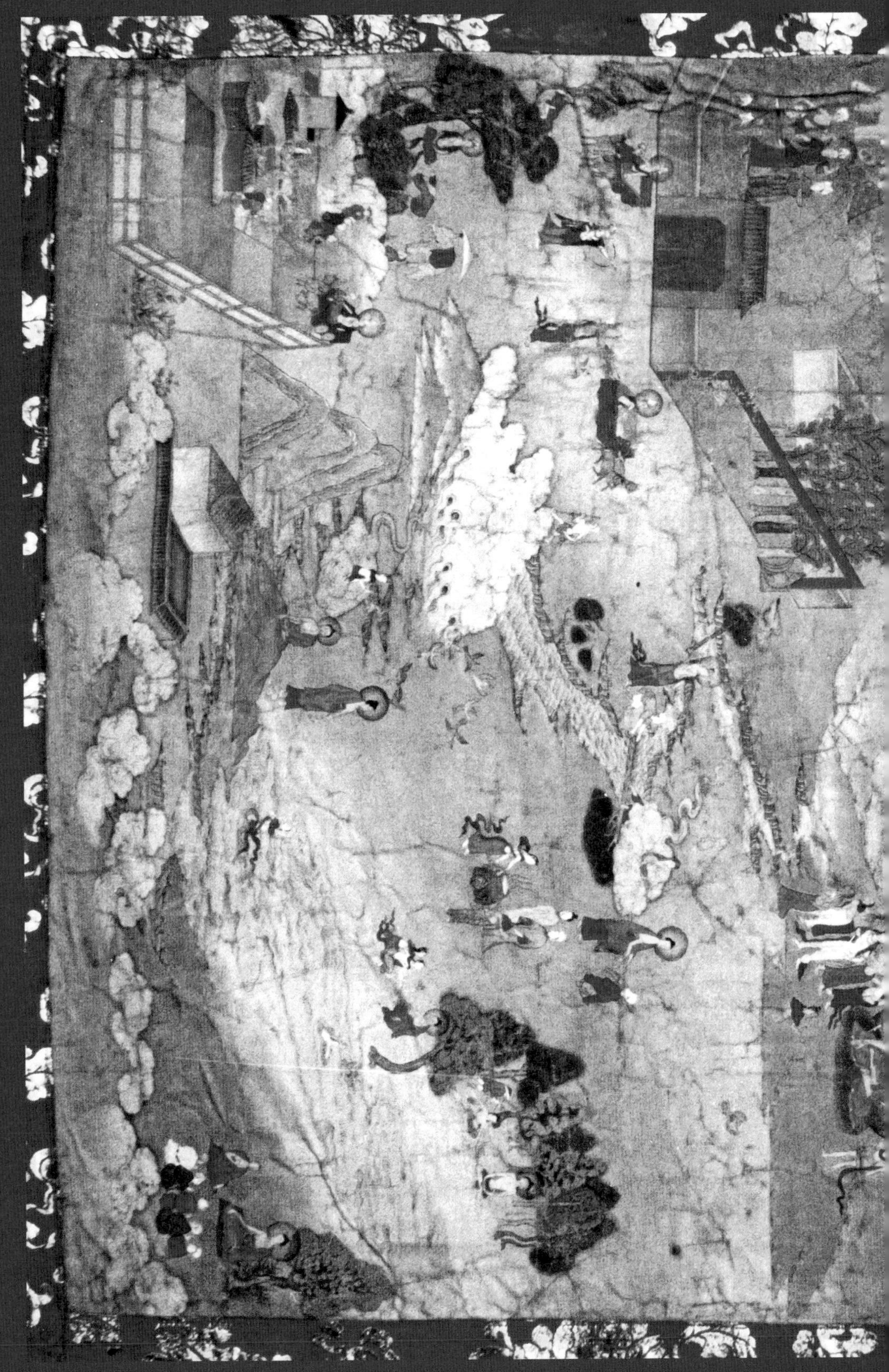

大師祕技

立體透視法

丘吉·炯涅以鳥瞰散點全景式透視的獨特技法，在現有的畫面空間，將佛陀發生於不同時間、空間、人物、地點的故事情節，和諧呈現在一幅圖畫當中，整個空間配置無懈可擊，具有一種高度的空間和諧感，分割並且支撐這許多的神聖故事，畫面充實而豐富。如此般驚人的畫作，是相當特殊且難以看到類似的畫作，過去三百多年來，都一直被忠實地重繪。

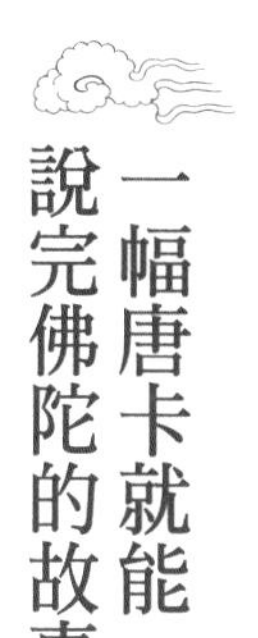

一幅唐卡就能說完佛陀的故事？

此唐卡為系列畫作之一，乃是根據第八世司徒班禪丘吉·炯涅的傳記紀錄，傳聞有三十幅唐卡（即「釋迦本生傳如意藤」）。在這幅唐卡中的各種場景，是取材自佛陀的傳記故事，但此唐卡只是其中的一幅，所以很難只按照部分圖畫去猜測其中故事。所以，我將我所確定的圖畫故事，做一簡單的圖說。

- 夢象受孕，即摩耶夫人於睡眠時，夢見一頭白象之後，懷有悉達多王子。（圖❶）
- 悉達多王子誕生等瑞相。（圖❷）
- 武藝練習，即青年時期的悉達多王子，在宮殿內練習武藝。（圖❸）
- 四門出遊，即青年期的悉達多王子出遊，遇到老、病、死與出家人，而想要出家修行。（圖❹）
- 夜半離宮，即悉達多王子在天人的護持下，半夜飛離出王宮。（圖❺）
- 削髮更衣，即悉達多王子，剃下頭髮，去除華服並換上袈裟。剃下的頭髮，天王將之供養在天宮。（圖❻）
- 六年苦行，即釋迦牟尼佛在尼連禪河邊伽闍山苦行林中，獨修苦行六年之久。（圖❼）
- 牧女獻糜，即尼連禪河邊兩名牧牛女子，供養乳糜予釋迦牟尼佛。（圖❽）
- 茅草供養，即釋迦牟尼佛將割草人所供養的茅草，放置在菩提樹下並坐在其上。（圖❾）
- 魔女妖惑，魔王指令三個魔女，誘惑阻撓在菩提樹下即將成佛的釋迦牟尼佛。（圖❿）
- 魔羅圍攻，菩提樹下即將成佛的釋迦牟尼佛，受到魔羅的挑戰與圍攻。（圖⓫）
- 教化弟子，即佛陀向五位弟子說法（因為圖中五位弟子頭戴帽子，不像是比丘，背景又無鹿在旁，我保守地詮釋此部分）。（圖⓬）

6
6
6
5
1
2
3
11
10
4
9
7
8
12

側寫

直擊唐卡畫師工作室

既說畫也作畫的唐卡畫師

作者蔣詠・辛傑六歲起進入印度索那達市的西藏寺院，在他的根本上師第十二世廣定大司徒巴（H. E. Kyabgon Tai Situpa, 1954–）與老卡盧仁波切（V. V. Kalu Rinpoche, 1905–1989）的建議下，學習西藏唐卡藝術。左頁照片中的唐卡是作者於二〇〇六年正在繪製巨型唐卡的側影，此唐卡8×9尺（不含掛軸），畫作名稱為〈釋迦牟尼佛下凡〉，是佛陀故事中的一個系列。

唐卡之外的功夫

僅僅是一位優秀的藝術家，不代表他知道如何繪製一幅合宜的唐卡。一位好的唐卡畫師必須知道什麼是正確的造像度量，以及如何念誦咒語和觀修本尊。此外，更重要的是擁有一顆清淨之心，當功德主請求畫師繪製唐卡時，畫師從一開始準備畫布時，心中就會先憶念著功德主；畫師在磨製半寶石礦物顏料時，口中也會念誦咒語。所以，唐卡繪畫被稱為「身、語、意的繪畫」：「身」是用來繪製唐卡，「語」是用來念誦咒語，「意」是用來觀修本尊。

本書作者是可以一坐就黏在椅墊上不起身的，直到他肚子發出咕嚕聲。但是，為了他的健康著想，他的老婆必須身兼定時鬧鐘，打斷他的禪定作畫，提醒他二個小時內起身，動動身子，以免「僵硬」了！

唐卡顏料大不同

唐卡畫作呈現的色彩既自然又鮮豔，即使超過千年的唐卡，色彩仍然鮮麗，有什麼祕訣呢？答案來自天然的

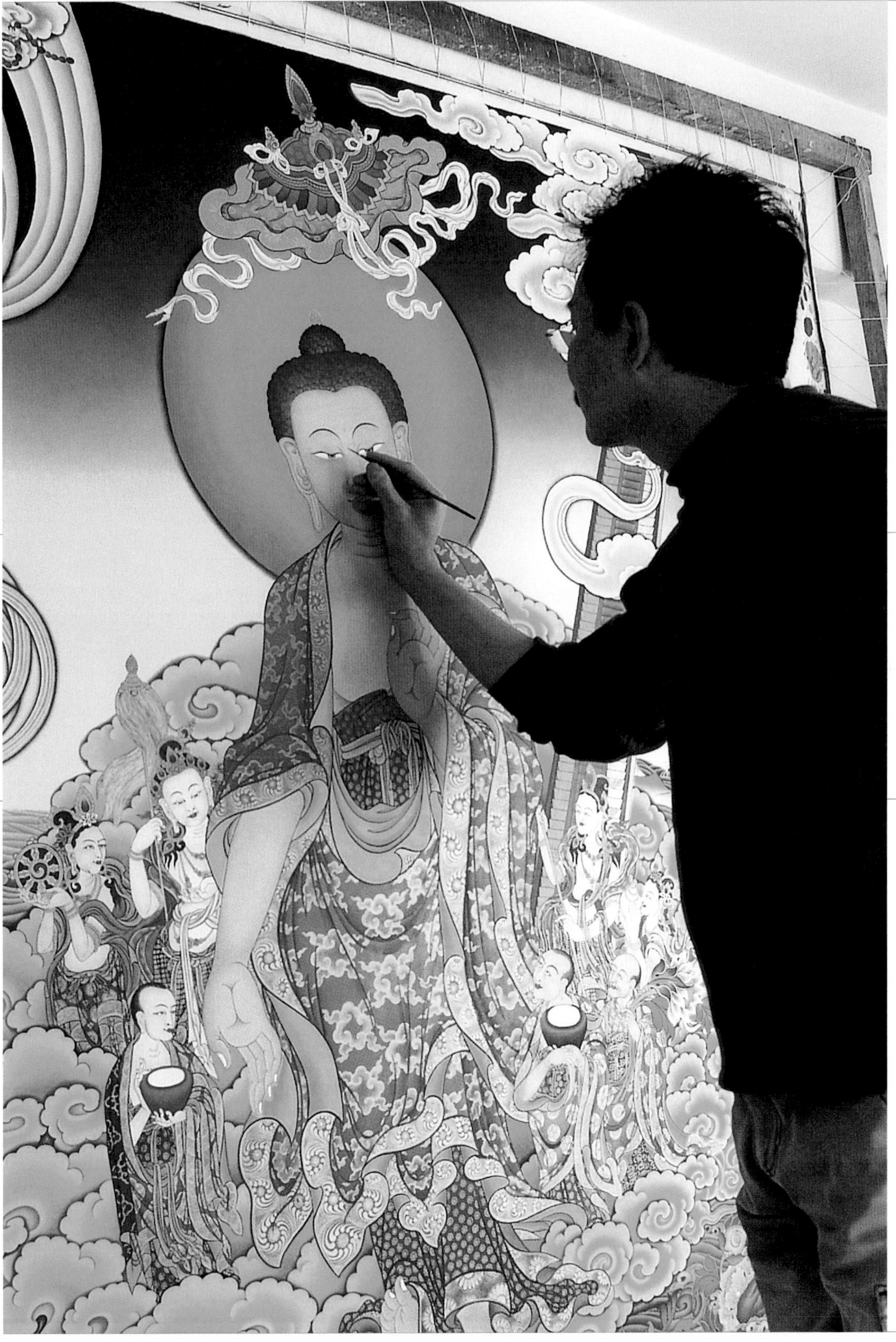

礦石及植物顏料。這些昂貴和耗費人力的礦物顏料（找尋礦物，研磨成細粉後，再製成顏料），包括：綠松石、青金石、石綠、硃砂（紅色）、雲母（白色）、石黃（黃色）、桂樹葉與樹皮、亞麻籽等，圖片中所顯現的顏料，有些是同科系（原礦石、粉狀或是凝固後的液體狀）。另外有些是同科系顏色深淺的不同。基本上，作者所繪製的唐卡顏色，都是來自這些基本色調所調配出來的。

唐卡的礦物顏料
①綠松石
②綠松石粉末
③石黃
④樹皮及樹葉
⑤藏青
⑥硃砂
⑦石綠
⑧石橘
⑨青金石
⑩雲母
⑪亞麻籽

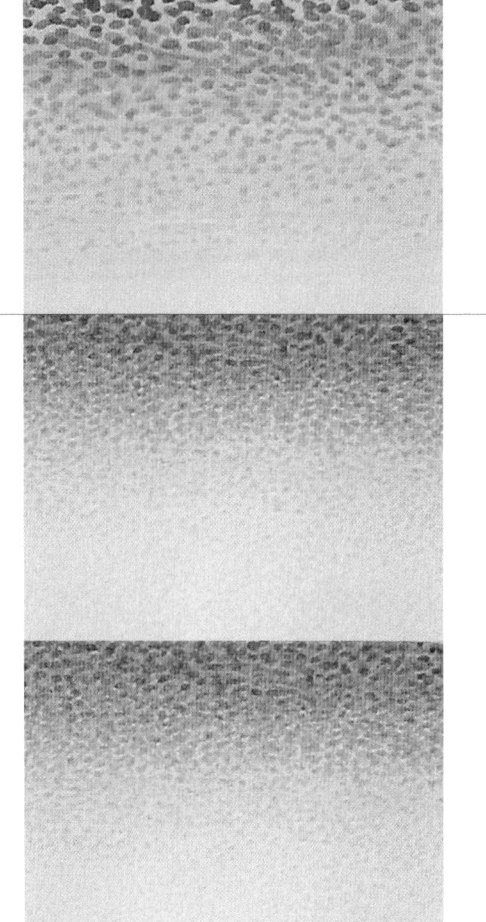

唐卡祕技公開——乾點描法

在噶瑪嘎孜畫派裡，陰影稱為「乾影」（或「乾點描法」），所有的陰影都是以小點描繪而成。這種工法很耗時，每一張唐卡都要數個月的時間才能完成，但這也會讓最後的唐卡成品呈現出獨特的樣貌。點描法的過程，我提供了一張繪製藍天的範例，分為三個步驟由上往下，可明顯看出細部的點陣效果。（這張圖片是作者第二本書中的內容，敬請期待喔！）

PART I

我所傳承的唐卡藝術

第一章

唐卡的開端

說法印

佛陀的倒影

佛陀的第一幅畫像是在印度中部的摩揭陀國（Magadha）所繪成。佛陀有時會在這個地區說法，而摩揭陀國的兩位國王頻毘娑羅王（Bimbisara）和烏扎衍那王（Utrayana）都是他的學生。這兩個盟邦有交換禮物的習俗。有一次，烏扎衍那王送了一份鑲嵌著精緻寶石的無價珠寶（譯按：即「如意寶甲冑」）給頻毘娑羅王，為了要回送烏扎衍那王一份禮物，頻毘娑羅王構思著要送給盟友一幅他們敬重的老師——佛陀——的畫像，於是他找來一名手藝精湛的畫師為佛陀作畫，但是，當畫師看著佛陀準備要作畫時，卻受到佛陀散發出來的光芒所震懾，因而根本無法下筆。於是，頻毘娑羅王向佛陀請示該如何解決這個問題。

佛陀知道了這個情況後，便說：「我們到清澈的池邊作畫。」當他們到達池塘時，佛陀便坐在池邊，畫師於是就根據佛陀在水面上的倒影來度量尺寸，而描繪出他的形相。這位畫師並在佛陀畫像的周圍，畫上十二因緣（梵 nidanas，編按：佛陀自修自證得到的真理，指從「無明」到「老死」這一過程的十二個環節）的吉祥圖案。

後來，當烏扎衍那王收到這份禮物時，僅僅是第一眼瞥見這幅畫像，當下便立

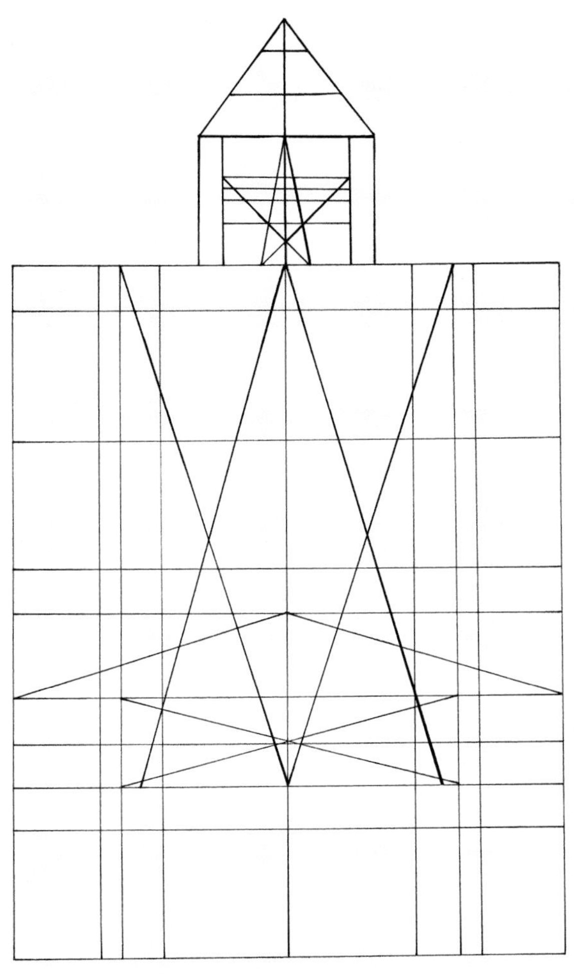

佛身造像度量圖（藏 Tig Tse）
（蔣詠・辛傑繪／8 x 11"／鋼筆／2010）

即了悟實相。這就是佛陀的第一幅畫像，也就是後來人們所熟知的〈佛陀的倒影〉（The Buddha's Image Reflected in Water；藏 Thub.pa.chu.len.ma）。

發光的佛陀

另一則故事是，有一次佛陀在印度的迦毘羅衛城（Kapilavastu）弘法，當時的國王摩訶那摩（Mahanama）的王后有個奴婢蘿西塔（Rohita），王后派她送一條美麗的珠寶項鍊去供養佛陀，然而在途中，蘿西塔被一名埋伏在路上的牧羊女殺害了。當她臨終時，許了一個願——希望來世出生在能領受佛陀教法的地方。由於蘿西塔對佛陀深具信心，死後便即刻投生到斯里蘭卡王后的子宮內，當這個孩子誕生時，天空降下了珍珠雨，因此這位女孩被命名為「珍珠聖座」（Pearl Throne；藏 Mu.tig.khri.sin）。

當公主尚年幼時，一聽到佛陀的事蹟，便立即生起虔誠的信心，於是供養佛陀三匣珍珠和一封信，而佛陀則回贈了一幅他自己被虹光環繞的畫像，這是一幅由畫師描繪在帆布上的畫像。公主看到畫像時，立即生起甚深的體悟。這幅畫像後來成為著名的〈發光的佛陀〉（The Radiant Buddha；藏 Thub.pa.'od.zer.ma）。

這兩則故事敘述了佛教畫像的起源。這些畫作是以佛陀本人為主題，每次的度量都是準確的尺寸。

以佛身造像度量標準描繪佛陀（蔣詠・辛傑繪／8 x 11"／鋼筆、黑色墨筆／2010）

根據造像度量標準繪製完成的佛陀素描
（蔣詠・辛傑繪／8 x 11"／黑色墨筆／2010）

釋迦牟尼佛與其兩位大弟子舍利弗、目犍連
（蔣詠・辛傑繪／18 x 28"／礦物顏料／1992）

佛陀的等身像

還有更多故事能夠證實最早的佛教藝術作品的真確性，而這些故事也跟雕像的創作有關。帝釋天（Sakra）是忉利天（Trayastrimsa Gods，編按：忉利天是佛教世界中欲界的第二層天，位於須彌山頂端）之主，當時他打算用珍貴的金屬和珠寶打造一尊佛陀的雕像，但是天宮的工匠威瓦卡瑪（Visvakarma）無法正確測量出佛陀腳的尺寸，於是威瓦卡瑪在心中憶念佛陀，並向他祈請，結果他去到佛陀的跟前，伴隨他前來的還有一批極為優秀的天宮工匠，於是威瓦卡瑪分別打造了佛陀八歲、十二歲和二十五歲等三個不同時期的等身像。佛陀親自放光加持了這些雕像，二十五歲的佛陀雕像被送到天界，十二歲的雕像被送往中國，而八歲的雕像則放在尼泊爾，這三尊雕像在這些地方駐留了許多年。

後來，在七世紀初，雪域西藏誕生了一位偉大的宗教國王松贊．干布（Songtsen Gampo）。被認為是西藏第三十三位國王的松贊．干布，統一了西藏的眾多小國，於是進入了一個和平的世代，在此時期，佛法、藝術和天文學得以蓬勃發展。

松贊．干布王有兩位王后，一位是中國公主，另一位則是尼泊爾公主。當中國的文成（Kongjo）公主抵達西藏時，她獻給國王一尊佛陀十二歲等身像，並供奉在拉薩的大昭寺（Jokhang Temple）。尼泊爾的赤尊（Bhrikuti）公主同樣地也獻給國王一尊佛陀八歲等身像，當時供奉在拉薩的小昭寺（Ramoche Temple）。

這兩位深具影響力的公主到西藏時，各自從她們的國家帶來大批有才幹的隨行人員，這些所注入的人才在松贊．干布王統治的興盛時期，影響西藏的藝術和科學甚鉅，而且在時間的洗禮下，這股新活力與由印度傳入的佛法和文化結合得最為融洽。這個時期奠定了西藏佛教藝術蓬勃興盛的基礎。現在的大昭寺和桑耶寺（Samye Monastery）仍然可以看見受到這個階段影響所遺留的作品。

在此時期之後，西藏畫風開始受到周邊疆域的畫風所影響，西藏唐卡最終是融合了帕拉（Pala）、喀什米爾（Kashmiri）與尼瓦爾（Newari）等起源地的風格元素。

幾千年來，唐卡藝術在西藏蓬勃開展，這些神聖的唐卡受到西藏寺院殿堂的維護和保存，至今我們仍然看得到一些作品，特別是以壁畫形式所呈現的作品。然而，自從一九五四年中共開始大舉展開破壞行動之後，只有極少數的寺院能夠倖免於難。當時有數千座的寺院受到破壞，就連地處偏遠且極難抵達的寺院也都難逃一劫，好幾英尺厚的石牆被炸藥和坦克車摧毀，珍貴的壁畫都因而盡化為塵土。

第二章

現代唐卡畫派的起源

摩尼寶瓶

勉孜畫派的誕生

勉拉．頓珠（Menla Dondrup）一四四〇年生於後藏（西藏南部）的羅扎．勉塘（Lhodrak Mentang）。他師承多巴．扎西．嘉措（Dhonpa Tashi Gyatso），這位大師精通於尼瓦爾畫風的唐卡繪畫。勉拉．頓珠向這位老師學習之後，革新了各種宗教主題、構圖和設計的比例標準。這些嶄新的手法被稱為「勉孜畫派」（Mendri style，或稱為「勉塘畫派」、「門塘畫派」），之所以如此命名，即是源自於他的名字勉拉或其出生地勉塘。這些革新的手法隨後蓬勃發展，並廣傳於西藏。

噶瑪嘎孜畫派的誕生

南喀・扎西（Namka Tashi）一五〇〇年生於雅魯北谷（Upper Yarlung）。他在幼年時，即被第八世大寶法王噶瑪巴米覺・多傑（Mikyo Dorje, 1507-1554）認證為噶瑪巴自己的化身，並且被預言將會以創作聖像的特殊方法，推動噶瑪巴的事業。

後來，南喀・扎西跟隨著貢秋・般德（Konchok Penday）學習，他的老師被視為是中國的公主措益・帕默（Tsoyi Palmo，意為如蓮花般美麗而純潔的后妃，即文成公主）的化身，而這位公主則被認為是聖度母（Noble Tara）的化身。貢秋・般德教導南喀・扎西以嚴謹的比例作畫，這種技巧是屬於印度的沙利派（Shar-li，即「東方鑄銅派」）手法。此派別是來自印度的東方，其銅像製作的特色是依照儀軌度量，故其銅像形體莊嚴而聞名。這種畫風一路發展，最終融合了三個國家的元素：印度的形體度量標準、中國山水畫的結構與明暗技法，以及西藏的構圖、調色與意象。南喀・扎西所創立的這個藝術傳統，後來遂成為著名的「噶舉派」（Kagyu school）或「噶瑪嘎孜畫派」（Karma Gardri style），意即「噶瑪巴營地畫派」。「營地」（camp：藏Gardri）一詞源自早期法王噶瑪巴的習俗，尤其是第七世大寶法王噶瑪巴確札・嘉措（Chodrak Gyatso, 1454-1506），他擁有數百位隨從，並且經常由馬匹與驢子載著補給品與行李四處旅行。在休息地點，毛氈帳篷的營地便成了他們的住所。由於這些帳篷遍及的地方廣大，他們的臨時棲身之所便被稱為「噶美嘎千」（Karme Garchen，即「噶瑪巴的大營地」或「裝飾世間的大營地」）。這樣的習俗與傳統發展到後來便成了著名的「營地文化」（camp culture），尤其是許多的畫作風格便被稱為「噶瑪巴營地畫派」，即藏語的「Karma Gardri」（噶瑪嘎孜畫派）。

第三章

我的祖師爺
第八世司徒班禪丘吉・炯涅所遺留下來的無價瑰寶

仿貝葉經頁

第十一世大寶法王噶瑪巴耶謝・多傑（Yeshe Dorje, 1676-1702）曾經預言丘吉・炯涅（Chokyi Jungne, 1700-1774）的誕生及其出生地。根據第十一世噶瑪巴的預言，第八世司徒班禪丘吉・炯涅會出生在藏東德格（Derge）王國的康區（Kham）。當丘吉・炯涅在康區出生時，出現了許多瑞相，因此眾人皆視他為轉世的仁波切。

當丘吉・炯涅兩歲時，便被帶到楚布寺（Tsurphu Monastery）謁見第十一世噶瑪巴，噶瑪巴一眼就認出他就是第八世大司徒巴，並給了他許多神聖的禮物與祝福。

到了五歲時，丘吉・炯涅開始跟隨父親學習讀寫藏文，並隨叔父根欽（Kunchen）喇嘛尊者學習施行各種神聖的儀軌。當年滿八歲時，丘吉・炯涅前往謁見第十二世噶瑪巴蔣秋・多傑（Changchub Dorje, 1703-1732）。

第八世司徒班禪丘吉・炯涅

（不知名畫師繪／18 x 26"／十九世紀／蔣詠・辛傑攝於八蚌寺）

完成〈八十大成就者〉曠世鉅作

然而，丘吉．炯涅在九歲時生了一場重病，遭到一個嫉妒他的父系親戚下毒，兩個月後仍未康復，而且無法站立或坐著。他躺在床上閱讀班覺寺（Paljor Monastery）裡所有的圖書兩次。就在這段時期，他也精通了梵文、中文、蒙古文與某種印度方言。他嫻熟地運用各種語言，並能正確且流暢地與人溝通。

在這段時期，他開始憑藉著天賦異稟來作畫，只受過很少的訓練卻能完成許多作品。他也精通許多其他領域的學問，因此在世即被稱為「遍知者」。

二十三歲時，在藏東班覺寺期間，司徒班禪丘吉．炯涅創作了一組最驚人且備受激賞的唐卡，這套曠世鉅作以一組十一張畫作描繪了〈八十大成就者〉。他在此之前早已精通勉孜畫派與噶瑪嘎孜畫派，但他選擇以噶瑪嘎孜畫風來創作這個系列。

一七二七年，二十八歲的丘吉．炯涅得到德格王的允許，建立了宏偉的八蚌寺（Palpung Monastery）。除此之外，長壽的他在一生之中也建立或重建了其他無數的寺院。

司徒班禪丘吉．炯涅也修訂了包含《甘珠爾》（*Kagyur*）、《丹珠爾》（*Tengyur*）與其他許多論疏在內的德格版大藏經，以便能夠以雕刻精美的木刻版來重新印刷。他的弟子德格王登巴・次仁（Tenpa Tsering, 1678-1738）創立了德格印經院，那是當時最大的木刻版印經院，丘吉・炯涅幫德格印經院製作了超過五十萬片的木刻版。這些刻版的品質非常精良，因此大都已經被重印成現代的版本，並且流通在世界各地圖書館的藏學資料庫中。

名聞遐邇跨領域跨教派的「大智者」

丘吉・炯涅也描繪了一系列釋迦牟尼佛傳記故事的唐卡（譯按：即「釋迦本生傳如意藤」三十幅唐卡），這些唐卡無論在構圖、輪廓與色彩上，都迥異於傳統的噶瑪嘎孜畫派，因而開創了噶瑪嘎孜畫派的新紀元，有時也稱為「新噶瑪嘎孜畫派」（New Gardri Style）。

丘吉・炯涅在一生中繪製了許多其他的唐卡，也製作了許多的雕像，他是西藏歷史上最著名的大師之一，也被視為地位無與倫比的最高學者。

他也擅長建築，並在西藏、蒙古與中國的廣袤土地上，應各種不同佛教教派的請求，建立或重建了超過一百座以上的寺院。

據說，他跨越領域與超越教派的各種作為，足以比擬龍樹在印度的懿行，而且他的偉大創作即使在生前便已傳出西藏而名聞遐邇。因此，他有一個獨特的稱號，被尊稱為「摩訶班智達」（Maha Pandita，即「大智者」）。

我過去曾經遊歷世界各地，看過許多古今唐卡大師的畫作，但從未見過像第八世司徒班禪丘吉．炯涅的畫作般驚人的品質。他的唐卡顯示出他恢弘的器識與成就，其中蘊含了各式各樣的藝術、宏大的國際觀，以及深契諸佛與菩薩殊勝境界的修行功力。

西藏書法：遙喚根本上師

無懈可擊的唐卡畫作——釋迦本生傳如意藤

〈釋迦本生傳如意藤〉唐卡（頁69）中的各種場景，是取材自釋迦牟尼佛的傳記故事。這幅驚人的唐卡很有可能是第八世司徒班禪丘吉．炯涅親筆所繪。請注意其中山水與雲彩的景致，如何創造出佛傳故事開展的空間。當你看著這張唐卡時，就好像是從空中鳥瞰一般，宛如飄浮在美麗的香格里拉，其中有許多的眾生與各種活動，有國王的庭院與宮殿，以及動物、山峰、洞穴、河流與湖泊。丘吉．炯涅以細膩的筆法將佛陀的每個事蹟很仔細且正確地描繪出來，他使用立體畫法，畫面充實而豐富，淡中透亮的顏色搭配過場的大片陰影，創造出光線與透視的效果，並營造出土地、河流、雲彩與光暈的扎實厚度與景深。這幅唐卡能引人入勝，令觀者完全融入其中，並深入探索這片神聖祕境與佛傳中的動人故事。

在唐卡的中間偏右處，你會看到佛陀像，請注意他比畫中其他任何一個人像都更大。他坐在菩提樹下，被魔羅包圍著。唐卡的這一小塊畫面，闡述了一個有關佛陀成道的重要故事。當時佛陀正受到魔羅的挑戰，他們宣稱除非他能戰勝他們，否則他絕不可能達到覺悟。因此，他們施展各種手段誘惑他，接著又企圖以各式各樣的武器攻擊他，想要傷害他，但佛陀將一切投向他的武器都變成花朵。然後，佛陀對魔羅說，他為了要成佛，已經經歷過無數次的犧牲，魔羅便要求他證明自己的犧牲。於是佛陀以右手觸地召喚監牢地神前來，此時大地六遍震動，地神從地湧出，證明佛陀所言不虛。之後魔羅又連續數次攻擊，但都無法戰勝佛陀的真諦力。最後，魔羅不得不承認失敗，落荒而逃。

〈釋迦本生傳如意藤〉三十幅唐卡之一
無論在構圖、輪廓與色彩上，都迥異於傳統的噶瑪嘎孜畫派，成為「新噶瑪嘎孜畫派」的代表。
（第八世司徒班禪丘吉・炯涅繪／18 x 32"／1726）

司徒班禪丘吉．炯涅所繪的這幅上乘唐卡中的一小塊畫面，便述說了這樣一段動人的故事。因為這幅唐卡闡述了佛傳中的許多重要故事，所以過去三百多年來，它都一直被忠實地重繪，你可以看見左頁的複製畫。這幅唐卡是由某位大畫師所繪製，他原本有能力畫出屬於自己的佛傳故事版本，但他卻選擇複製司徒班禪的那幅唐卡，因為原作的構圖與設計實在是無懈可擊，它具有一種高度的空間和諧感，可以支撐畫中許多的神聖故事。

我很幸運在二〇〇〇年時能拍攝到這兩幅唐卡，要找到如此珍貴的唐卡是很難得的。司徒班禪丘吉．炯涅的這幅原始巨作是系列之一，將它們湊在一起，便可能是有史以來最精美的唐卡。此外，左頁呈現的複製畫本身也是一幅巨作，是向原畫以及它所要傳達的故事致敬之作。

這幅唐卡相當晚期，是根據第八世司徒班禪丘吉．炯涅的〈釋迦本生傳如意藤〉（頁69）的唐卡重繪的複製品。（新噶瑪嘎孜畫派）

（藏東康區不知名畫師繪／尺寸與年代不詳）

第四章

噶瑪嘎孜畫派的三位薪傳大師

八蚌寺的大藝術家——唐拉・才旺

第八世司徒班禪丘吉・炯涅的偉大傳承，在藏東八蚌寺歷代大司徒仁波切的護持之下，一直延續至今。第十一世大司徒貝瑪・旺秋・嘉波（Pema Wangchuk Gyalpo, 1886-1952）在位期間，西藏神聖藝術蓬勃發展，有位大畫師唐拉・才旺（Thangla Tsewang, 1902-1989），是當時八蚌寺的大藝術家與老師。他為十一世大司徒與之後的第十二世大司徒貝瑪・東由・寧杰・旺波（Pema Donyo Nyingje Wangpo, 1954-）繪製唐卡與塑像。

唐拉・才旺是我的師祖，〈釋迦牟尼佛〉唐卡（頁73）是他的創作範例。當我看著這幅唐卡時，可以看到司徒班禪丘吉・炯涅對他的明顯影響。無論是比例與身體結

金剛杵

〈釋迦牟尼佛〉唐卡（唐拉・才旺繪／尺寸與年代不詳）

構的正確性、顏色或氛圍，在在都顯示出與第八世司徒班禪的直接連結。

唐卡繪畫藝術的推手——傑嘎喇嘛

我自己的老師傑嘎喇嘛（Gega Lama, 1931-1996），出生於林卡（Lingkar），同樣是位於藏東的康區。傑嘎喇嘛十六歲時，到八蚌寺尋找住於該處的唐拉．才旺大師。唐拉．才旺收傑嘎喇嘛為弟子，而他也很用功地學習，直到二十二歲學成為止。

一九五九年，傑嘎喇嘛和數千位藏人因中共入侵西藏而被迫逃亡。一九六八年，傑嘎喇嘛終於落腳在印度大吉嶺，他在那裡再次重拾畫筆並教導學生。

傑嘎喇嘛因為卓越的唐卡繪畫技巧，而受到所有大喇嘛們的高度敬重。他希望為所有流亡藏胞保存唐卡繪畫的藝術，因而寫下了一套兩冊的《西藏藝術通鑑》（*Principles of Tibetan Art*, 1983），這套書極具歷史價值，將噶瑪嘎孜畫派的圖像做了紀錄。其中許多圖像的製作都非常嚴謹，並遵循聖典所訂古法而完成。這是記錄此類圖像書籍中的第一本，並同時以藏文與英文書寫。出版迄今，它已被世界各地的唐卡畫師、歷史學者與博物館館長廣泛使用。

此外，傑嘎喇嘛所繪的一幅第十六世大寶法王的寫真唐卡（**頁75**），是採用傳統

第十六世大寶法王噶瑪巴寫真唐卡，採用了傳統的礦物顏料彩繪，色澤飽滿且持久。（傑嘎喇嘛繪／23 x 36"／1982）

的礦物顏料非常寫實地加以素描與彩繪，但他也有興趣嘗試各種新的材質。傑嘎喇嘛是一位全方位的唐卡大畫師，同時也擅長藏文文法、詩歌、音樂與修法儀軌。

我很幸運地能在一九七一年成為傑嘎喇嘛的學生，並且衷心感恩能領受八蚌寺噶瑪嘎孜畫派的殊勝傳承教法。

延續風格，繼往開來的大師——喜饒．班丹

同樣來自八蚌寺的喜饒．班丹（Sherab Palden, 1913-2012）大師，長年以來都致力於保存並推廣這個美妙的神聖藝術傳承，並且深受大喇嘛們以及如我這般的唐卡畫師推崇。這幅〈佛陀轉法輪〉（頁77）的噶瑪嘎孜畫派唐卡，便是他的畫作。只要看著他的畫像，我便能看見第八世司徒班禪的細緻技巧、微妙著色與典雅構圖的風格延續。這種和諧感與立體空間的使用，構成了噶瑪嘎孜畫派的特色。

這三位舉世聞名的大師都來自藏東的八蚌寺，他們各自在三塊大陸上弘揚噶瑪嘎孜畫派的繪畫——唐拉．才旺在藏東，傑嘎喇嘛在印度，喜饒．班丹則在英國。

〈佛陀轉法輪〉（藏 Tonpa Choe Khor Ma）唐卡

（喜饒・班丹繪／尺寸與年代不詳／蘇格蘭桑耶林寺〔Samye Ling Monastery〕）

PART 2

如何為自己選購一幅唐卡？

第五章

了解自己的需求——是為了欣賞？還是修行？

藏傳佛教有四個主要傳承——寧瑪巴、噶舉巴、薩迦巴與格魯巴，它們遍布在西藏三個地理區域（編按：即衛藏、康區、安多等西藏三個傳統省份），每個傳承的唐卡繪製都各有千秋。西藏地區幅員遼闊，每個省份內有許多獨特的文化區域，但是大家都因為普遍地修持藏傳佛教而連結在一起。

即使西藏三個省份都有各個教派，但是個別區域在選擇唐卡時，還是有某些差異。這本書中所要討論的是選擇唐卡的基本原則，而這些資訊則適用於所有傳承的唐卡。

購買唐卡前，先問、先想、先感覺

持寶手印

能夠了解唐卡的畫派和圖像有哪些不同變化是很好的。例如，你想要一幅蓮花生大士的唐卡，最常見的就是從蓮花出生的蓮師畫像，但是你也可以選擇蓮師的其他化現，例如醫藥蓮師、長壽蓮師、忿怒蓮師或半忿怒蓮師等等。重要的是你要知道自己想要選擇哪一種，還有你選擇那幅唐卡的目的是什麼。如果你是佛法修行者，最好是請示你所屬傳承的心靈老師，以確定哪一種唐卡比較適合自己、家人、住家或辦公室。

如果你是藏傳佛教徒，就可以選購一幅自己傳承所提及的本尊唐卡，如此一來，你的傳承修持就能夠吻合唐卡的圖像。你可以選擇任何的畫派，例如噶瑪嘎孜派、勉孜派、曼薩爾派（Mensar）或其他的畫派，但是畫像必須契合你的傳承教法。想要知道某張唐卡是屬於哪一個傳承，你可以去辨認主要畫像上方的人物。一般而言，特別是忿怒本尊的唐卡，唐卡上方的畫像所描繪的是傳承諸上師。

唐卡畫師通常能用任何一種畫派的風格作畫，至於你所屬傳承的唐卡要選擇哪一種畫風，純粹是個人的喜好。你甚至也可以選擇精工製作的貼布繡唐卡。

在你決定要購買唐卡之前，如果有機會先諮詢唐卡畫師的話，將會很有幫助，畫師應該會展示幾幅他認為適合你的唐卡。我經常碰到一些人希望得到我的唐卡，但是他們不知道該選哪一幅，因此我會先讓他們欣賞我已經完成的唐卡照片，當他們瀏覽這些照片時，有時會立刻對某張照片產生強烈的反應，這讓他們毫無疑惑地知道自己要選擇那樣的唐卡。我覺得這是因為業力的連結，有可能是因為前世之故而記得這張唐卡圖像，或者他們以前見過這位本尊。

若無機會詢問唐卡畫師或上師，那最好是選擇一幅寂靜本尊的唐卡，一幅你特別喜歡的或感到相應的畫像。

即使你不是佛教徒，也有可能想要擁有一幅唐卡，這是沒問題的，但是你還是應該尋求一位知識豐富的藏傳佛教上師或唐卡畫師的協助。你最好能夠知道懸掛在自己住家或辦公室的唐卡，是寂靜本尊或忿怒的瑪哈嘎拉（Mahakala）護法。我們應該將所有的唐卡都視為聖物，因為唐卡會由內而外影響到環境，它能創造平靜與和諧的氣氛。

一幅唐卡，一個祈福祝禱的處所

西藏有許多游牧民族，他們把唐卡當作是移動式的佛龕。因為經常移居，有時與寺廟的距離很遠，所以，一旦到了新的游牧地點，只要展開唐卡，將它懸掛在帳篷內，就隨時能夠擁有一個祈福祝禱的處所。

康區的放牧營地，游牧民族將唐卡當作移動式的佛龕。
（蔣詠・辛傑攝／1999）

上圖是我在藏東康區清晨時所拍攝的放牧營地，當時牧民正在烹煮早餐。你可以看到許多犛牛，牠們分屬不同家庭，這些家庭共享同一片大草原約一個月左右，他們的犛牛與綿羊便趁著這段時間享用豐美的青草，並飲用川流不息的河水。照片上的每個圓頂帳篷都有一個家庭佛龕，而佛龕內都至少懸掛一幅唐卡。這些家庭來自不同的地方、部落或寺院，因此，他們的唐卡與雕像也會來自不同的教派。

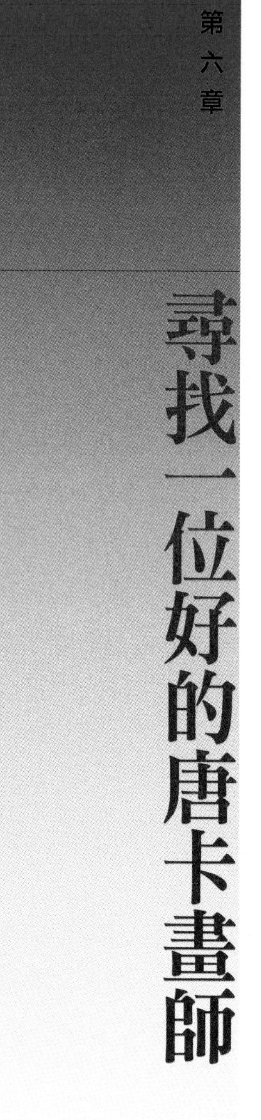

第六章

尋找一位好的唐卡畫師

唐卡是身、語、意的繪畫

盡量尋找一位最好的唐卡畫師是很重要的。畫師對於佛法應該要有豐富的知識，以及認真奉獻的精神。畫師必須知道什麼是正確的造像度量，以及如何念誦咒語和觀修本尊。僅僅是一位優秀的藝術家，不代表他知道如何繪製一幅合宜的唐卡。

畫師的發心是非常重要的。傳統上，畫師不會僅僅為了財富、名聲或自我而來繪製唐卡，他是為了利益他人而提供美好的服務。當一個人把唐卡帶回家裡、學校或寺院時，它會帶來很大的利益。唐卡上的本尊會活靈活現並散發清淨之光，提醒著觀看者自身本具的覺性。

當你要訂製唐卡時，可以請一位藏傳佛教的仁波切或上師為你推薦，但要確定

花

這位仁波切或上師對於唐卡方面的知識是豐富的，這樣他才能判定唐卡畫師的作品品質。不要認為只要是仁波切、上師或唐卡銷售員，就一定會懂得如何辨別一位好的唐卡畫師。你真的應該要花一點時間去確認一下，你正在考慮的這位畫師是不是了解傳統的造像度量，他是否知道所有本尊的比例，以及他是否有遵循聖典來創作。或者，去找一位遵守戒律並進行清淨身、語、意修持的畫師也是很好的。根據我的老師所說，傳統的西藏唐卡畫師會將創作功德回向利益一切眾生，尤其是回向給功德主。唐卡繪畫被稱為「身、語、意的繪畫」：「身」是用來繪製唐卡，「語」是用來念誦咒語，「意」是用來觀修本尊。當功德主請求畫師繪製唐卡時，畫師從一開始準備畫布時，心中就會先憶念著功德主；畫師在磨製半寶石礦物顏料時，口中也會念誦咒語。

我特別畫了一張不尋常的圖（頁86），一邊是長壽菩薩（右），另一邊是佛陀（左）的圖像，這是為了說明佛像是建立在造像度量格線圖上的，而這些線圖則是以古籍的造像度量為基準。此外，我刻意留下邊框，是為了讓你能看見我試色的筆觸。畫師通常會在唐卡的四周這麼做，以核對顏色並測試膠含量。

唐卡畫師會先為所要繪製的本尊，畫出造像度量格線。在此同時，畫師會觀想本尊並念誦本尊的咒語，透過這種方式祈請本尊能夠現身在唐卡之中。因此，以前

左邊的佛陀格線圖，說明佛像必須以古籍度量為基礎，不是依照畫師的意思隨意創作；右邊的長壽菩薩，則是佛像上色後的呈現（邊框外還留有畫師的試色過程）。
（蔣詠・辛傑繪／10 x 13"／筆墨和礦物顏料／2010）

畫師作畫時，從一開始到最後一個筆畫都會完全投入其中，他會嚴格自律，並努力維持身、語、意的清淨。通常唐卡畫師都是遵守戒律的僧人，不過，即使畫師是在家人，他也會戒除菸酒，一般而言，他也會試圖保持心靈的專注。

傳統唐卡畫師的發心永遠是追求盡善盡美，但是，創作一幅唐卡需要仰賴畫師與功德主之間的「業緣」，而唐卡的成品就是這個業緣的產物。有時繪製成的唐卡會精美得超乎預期，有時則會不盡如人意，但是唐卡畫師明瞭畫作不全然在他的掌控下，他能做的就是盡力做好份內的工作。

牧羊少女與喇嘛

我的老師傑嘎喇嘛，對我說過一則故事，它充分說明了「業緣」的概念。根據我的記憶，他是這麼說的：

從前有一大群西藏牧民帶著牲口到一個蒼翠山谷裡的牧草地放牧。在那座山的半山腰上的山洞裡，有個喇嘛在那裡修法。

在某個特別的小畜欄裡，有個以度母為唯一本尊的牧牛女孩，她已經持誦「二十一度母祈請文」與所有咒語約四十萬遍。有一天，牲口主人邀請一個大喇嘛到他家舉行消災祈福法會。法會結束後，喇嘛在一條繩子上綁了一個結，並對它吹氣，然後把它交給主人，說：「如果你一直把它帶在身上，邪靈將無法傷害你。」

牧牛女孩聽到這番話以後，心想：「只要我在繩上綁個結並對它吹氣，它就能遏阻邪靈。」於是她拿起牧牛的彈弓，在上面綁個結並對它吹了一口氣。

這女孩通常會到山邊去照顧牲口。有一天，她在閉關喇嘛的山洞前方，用彈弓對牛群射出一顆石頭。喇嘛便聽到空中好像有「吽、吽、呸」(Hung Hung Phat)的聲音傳來，他環顧四周尋找聲音的來源，並未看到任何人，只看到女孩在那裡牧牛。

幾天之後，他又聽到同樣的聲音，當他環顧四周時，再度看到牧牛少女。他感到很奇怪，心想：「這兩者或許有關也說不定。」

隔天，他再次聽到同樣的聲音，於是便下山去找牧牛少女。他對她說：「來，我想問妳一件事。」

「我才不去你那裡。」她說。

「好吧！那我過去找妳。」他邊說邊走過去。

牧牛少女說：「別靠近我，我怕你。」

「別害怕，我是一個喇嘛。」他說。

「你說謊！喇嘛絕對不會到這麼遠的地方來。你一定是想要強暴我，不然就是想綁架我，然後洗劫我。如果你過來，我就用彈弓的石頭射你。」她說。

喇嘛充耳不聞，仍然繼續走過來，牧牛少女嚇到了，趕緊將石頭裝上彈弓並射向他。喇嘛被石頭擊中頭部後倒地不起，她站在那裡觀望了一會兒，但喇嘛躺在地上一動也不動。

她心想：「這個人八成死了。我犯了大錯，現在一定惡業纏身了。」於是，不禁大叫：「喂！喂！」並扔下彈弓，走向他。

她扶著喇嘛的脖子將他撐起來，突然之間他醒了。她問他：「你傷得嚴重嗎？」並勉強擠出一絲笑容。

因為長期待在溼冷的山洞裡，喇嘛的氣血循環不良，全身時常感到劇痛。在彈弓石頭所造成的疼痛解除的同時，其他的疼痛也一併消失了，他感到通體舒暢。於是，他心想：「從她彈弓發出『吽、吽、呸』的聲音，以及她擊中我後劇痛消失的事實來判斷，這女孩一定是空行母或佛與菩薩的化身，絕非等閒之輩。」於是，他說：「小姐！請坐，並受我三拜。」她聽了趕緊站起來。

她心想：「禮拜一個牧牛少女？怎麼會用禮拜來回應我的彈弓攻擊呢？其中必定有詐，接下來他一定會強暴我。」於是，還來不及撿起彈弓，她就倉皇逃跑了。

之後，喇嘛撿起彈弓走回禪修的山洞。那晚他將彈弓放在枕頭上，當他睡著時，他夢見在一朵優曇婆羅花裡有一串綠色念珠，不時發出「吽、吽、呸」的聲音。

牧牛少女回家後將整件事告訴她的主人，說自己如何遇到騙子，又如何用彈弓打他。主人聽完後說：「那不是騙子，有個修行很好的喇嘛住在那邊的山洞裡，妳說的人可能就是他。果真如此，那用石頭射他就不對了。明天我們應該去看喇嘛並向他道歉。」

隔天早上，牧牛少女和她的主人一起去向喇嘛致歉。

喇嘛問她：「女孩，妳修的本尊是哪一尊？」

「度母」，她回答。

「那妳從妳的彈弓中聽到什麼聲音？」他接著問。

「就是『呼、呼、呼』的聲音啊！」她說。

於是他問：「那麼，妳可以把它送給我嗎？」

她說：「沒問題。」然後女孩就和她的主人下山了。

不久之後，有些信徒因為健康問題來找喇嘛。這次喇嘛拿起彈弓裝上石頭射向其中一人，然後問他是否有效。那人回答：「有一點。」

然後，他更用力地射向另一個人，並問他是否有效。那人回答：「還不錯。」

然後，他又更大力地丟另一個人，並再次問他。那人也是回答：「還不錯。」

喇嘛心想：「它將我完全治癒，卻只對這些人有部分療效，如果讓牧牛女孩用它來射他們，不知會怎樣？」於是他將彈弓拿到女孩那裡，並告訴她：「如果妳用彈弓將石頭射向這些病人，將能幫助他們。」

當她照著喇嘛的話去做時，那些人的病都痊癒了。他們都驚訝萬分，大呼：「怎麼會這樣！」牧牛女孩也不知道，但喇嘛告訴他們：「這女孩已經持誦『度母祈請文』四十萬遍左右，並藉由對它吹氣而以咒力加持了這把彈弓，你們就是被那股力量治好的。不僅如此，連她的牛也永遠不會生病或被猛獸吃掉。這世上曾發生過許多奇蹟，但卻很少有人能親眼目睹。」

這時他們才明白，原來是這個女孩以度母加持過的彈弓治好了他們的病。從此之後，她就成了家喻戶曉的「度母彈弓女孩」（Tara Slingshot Girl）。

三色祈福繩與藏式彈弓

圖的上方是三色祈福繩，請注意每條繩子都綁了個結。圖的下方是藏式彈弓，通常以犛牛毛編織而成（此圖是為了說明故事中的物件，並非原件）。

這則故事中的主人、牧牛少女與喇嘛各有各的觀點，但因緣際會，他們才發現：原來可以透過彈弓來發揮度母加持的力量。他們的業緣共同促成了這項神聖的使命。唐卡畫師在畫造像度量格線及繪製唐卡時，都要保持身、語、意的清淨。唐卡畫師的修行也是如此，匯聚各種必要元素，以創造與本尊之間的業緣，這樣才能將本尊的加持力傳達給一切眾生。

在這則故事裡，我們可以看到牧牛少女、主人與喇嘛三者湊在一起，才認出了度母應允利益眾生的特殊治療力量。這就有如身、語、意三者的清淨結合，才會創造出可以為一切觀看者傳達加持力量的美妙唐卡一般。在西藏，我們稱此為「見即解脫」(liberation through seeing；藏 thongdrol)。

有的唐卡畫師依舊是遵循著保持身、語、意清淨的作法來作畫，但這樣需要耗費更多的時間、精力與耐心。由於現今對於唐卡的需求增加了，所以作畫的程序也變得商業化。現在的製畫工序可能是六名畫家合力完成一幅唐卡：第一個人勾勒線條，第二個人上色，第三位專家負責塗上金色的細節……。此外，市面上還有很多廉價速成的唐卡，有的甚至還偽造古畫。比起以快速地把畫作拿到市場上銷售為目標，畫家與畫作以及畫家與功德主之間的關係，已經淪為次要了。所以，花點時間去尋覓一位有奉獻精神、認真修行並以傳統方式作畫的唐卡畫師，是很值得的。

第七章

教你辨別商業唐卡的好壞

雙頭鳥

西藏人從一九五九年開始翻越喜馬拉雅山流亡到印度與尼泊爾，這些包括男女老幼的西藏流亡者，或走路或騎馬，身上僅有隨身的衣物與少許的行李而已。

這些倖存者長途跋涉（有時會花一年以上的時間），好不容易終於跨過邊界時，卻又被任意地分配到各地難民營，當局只考慮可收容的人數，而未想到讓來自同樣的地域或寺院地區的人住在一起。僧眾、尼眾與在家人四散在印度各地，這些歷經險阻的倖存者儘管心中很感恩，但如今還得再經歷離鄉背井，並與親友分離的心理煎熬。

許多唐卡畫師也在那時逃離西藏，這些繪製佛教神聖藝術的大師們，包括喇嘛與在家人，同樣得經歷這段漫長的旅程。一旦抵達新環境，他們又得努力求生，那裡不僅食物短缺，連可以適應新氣候的衣物也不足。唐卡畫師在這段時間根本不可能繪畫，他們必須自我調整，先學習如何讓自己活下去。

即使他們想要作畫，也找不到在西藏所用的材料。此外，在早期的那段時間，印度只有很少的西藏佛寺可以支持這些藝術創作。

早期唐卡來自訂製，而非公開販售

一九六〇年代末期，藏人開始在難民營附近興建寺院與學校。他們此時才能開始重建自己的生活與僧團，對他們而言，藏傳佛教的修行是生活不可或缺的重心。唐卡畫師也從此開始重新工作。

當畫師們開始再次繪畫時，只能買到一些能就近取得的顏料，通常是便宜的水彩或油畫顏料。西藏畫師們以這些新顏料做實驗，有了一些成果之後，再逐漸加入找得到的傳統礦物顏料。

到了一九七〇年代，藏傳佛教的大喇嘛們經常受邀到印度與尼泊爾境外的地區旅行，去教導逐漸覺醒的西方世界，結果唐卡的需求量大增，以至於唐卡畫師無法供應如此龐大的市場需求。在那個年代，除了珍貴的骨董之外，唐卡並不在公開的市場販售，因此也無現成的存貨。西藏唐卡畫師為了回應這個狀況，開始在作畫時考慮市場的需求，並招收學徒與年輕學生。包括西藏僧人與年輕男子，甚至少數年輕女子，也都開始學習繪製唐卡。在此之前，畫師是難以維生的，少數的委託者都來自寺院，但寺院並無多餘的經費，所以，多數畫師其實都是僧人或住在寺院的在家人，他們將工作視為心靈修行的一部分，那時多數的畫師都是抱著供養的心情在作畫。

商機四起，「仿古」唐卡你看得出來嗎？

一九七〇年代末期，有些新唐卡畫師開始帶著學徒離開寺院，他們成立個人工作室，並開始接受私人的委託，訂單大都來自當地的佛教徒與專賣觀光客的商家。

一九八〇年代初期，多數唐卡都是住在印度的傳統西藏唐卡畫師所繪製，一般而言，他們的工作相當單純，但絕不馬虎。然而，不久之後，印度與尼泊爾的觀光客需求遽增，商家急著供應大量唐卡給不懂西藏唐卡的訪客。別說訪客不懂唐卡，經常連畫師本人也不太懂。這些唐卡的典型作法是，直接從舊照片、舊唐卡或甚至版畫複製過來，並且經常從其他畫像擷取局部圖案來拼湊版面。有時他們會試著用

人工假造的「仿古」唐卡——曼陀羅唐卡，用煙去薰製已經畫好的唐卡。
（不知名畫師繪／11 x 13"／年代不詳）

煙去薰製已經畫好的唐卡，以達到「骨董」的外觀，讓它看起來好像真正的老唐卡一般。右頁這張「曼陀羅」唐卡，就是一幅尼泊爾人工假造的「仿古」唐卡。

我將這幅所謂的曼陀羅唐卡的上方兩個角落做了局部特寫，如下圖所示，左、右兩邊的畫像都朝著同一個方向，但正確的唐卡應該朝向曼陀羅的中心才是。接著，單獨看這些人像，你會發現他們的比例錯得離譜，頭部遠大於身體的其他部位，甚至幾乎看不見手。他們看起來都相同，就像是剪貼的圖像似的。他們原本應該是佛嗎？我們無從得知。全世界到處都賣這樣的唐卡，現在也還買得到，這一幅就是在eBay網站上買到的！

（左上角局部特寫）

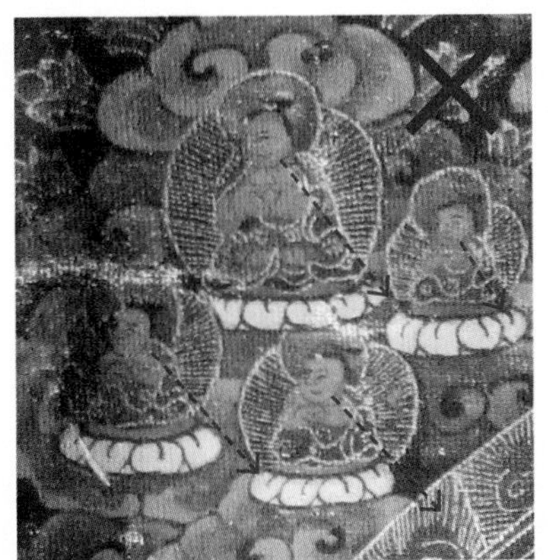

猜猜看，哪裡有問題？
畫像的臉應該朝向曼陀羅中央的主尊方向。

（右上角局部特寫）

他們是佛嗎？
這些人像頭部比例過大，幾乎看不見手，而且像是剪貼的圖像。

諸佛造像度量標準，幫你找出唐卡謬誤

之後，西藏畫師們搬到尼泊爾開個人工作室。這些經驗豐富的唐卡畫師，其中許多人在西藏或印度的寺院接受過訓練，他們雇用尼泊爾畫師來工作，於是尼泊爾當地的畫師開始學習西藏的繪畫風格與圖像畫法。這些西藏大師要求嚴格遵從傳統並使用礦物顏料，有可能的話就用泥金，或者更常見的是用壓克力顏料，並遵照聖典來做為圖像創作的準繩。雖然這些唐卡是在工作室的環境中繪製，也許好幾個人（專家）一起畫同一幅唐卡，但這些唐卡成品還是維持夠高的水準，可做為藏傳佛教的修行之用。他們的產量頗高，也充斥在各地商店，同樣能讓佛教徒、藝術收藏家與遊客受益。

這段時間為西藏唐卡畫師工作的尼泊爾人不僅學會繪畫，還逐漸收集各種唐卡的影印圖。最後有些尼泊爾人遂成立他們自己的工作室，並雇人為他們工作。現在你可以找到很好的尼泊爾唐卡畫師與壁畫家，儘管能辨識出風格的差異，但討論這些差異並不在本書的探討範圍之內。

再來看一幅極可能是尼泊爾畫師於一九八〇年代所繪的唐卡（頁99），這張唐卡草率地從老唐卡複製而來，無疑地是想擺在店裡賣錢的商品。繪者的作畫態度極為輕忽，連底部的書法都只是零碎文字的胡亂拼湊而已。如兒童般的卡通人像也許很

在尼泊爾的觀光商店販售的釋迦牟尼佛傳記故事唐卡，整幅畫如卡通人像般，未遵循諸佛的造像度量，而且顏色也非傳統西藏唐卡的用色。（不知名尼泊爾畫師繪／13 x 18"／約1980）

吸引人，但整幅畫粗製濫造，完全不尊重保存良好的諸佛造像度量的章法。

另外，由格桑・洛多・歐謝（Kalsang Lodoe Oshoe）大師所繪的一幅高雅的勉孜畫派唐卡（頁101），跟上一張唐卡一樣（頁99），有著同樣基本的構圖，釋迦牟尼佛被「六莊嚴」所圍繞。所謂六莊嚴（藏語：Jentruk, jen〔裝飾〕tuk〔六〕），是指在釋迦牟尼佛周邊，圍繞著六種不同珍貴的生命體，包括大鵬金翅鳥、龍女、摩羯魚、人、麒麟、雪獅和吉象。其中的雪獅與吉象，有時會分開出現，而在此唐卡是同時出現的，雖然共有七種，仍然統稱六莊嚴。

在兩幅畫作中你都可以看見大象、雪獅、麒麟、人、摩羯魚、龍與大鵬金翅鳥，但相似度就僅止於此。左頁的唐卡使用正確的造像度量，並遵照古籍以高超的技巧繪成。而頁99的唐卡則完全不考慮造像度量的正確性，同時，它試圖使用的顏色也非傳統西藏唐卡所用的色彩。這樣做很可能是為了讓唐卡看似褪色，以誘使無知的遊客誤以為它是真正的骨董。

①大鵬金翅鳥 ②龍女 ③摩羯魚 ④人 ⑤麒麟 ⑥吉象 ⑦雪獅

使用正確的造像度量及色彩，清楚呈現被「六莊嚴」圍繞的釋迦牟尼佛唐卡（勉孜畫派）。
（格桑・洛多・歐謝繪／11 x 13" 局部／約2000）

身相特點，幫你抓出問題點

接著，這幅從西藏作品複製而來，且被尼泊爾畫師更動過的白度母唐卡（頁103），雖然繪畫技巧高明，臉部的表情很好，但其中有些錯誤，例如，白度母左手拿的蓮花大部分是白色或藍色，而光環則應如月光般潔白才對。此外，度母的頭頂上方應該是阿彌陀佛（Amitabha），因為阿彌陀佛是白度母的根本上師，但他們卻改以長壽佛（Amitayus）代替。而他們所畫的長壽佛也不正確，與取材自另一幅唐卡的長壽佛局部特寫比較（頁105），你便可以看見許多不同之處。這是令人遺憾的錯誤，由這個例子也可看出購買唐卡前，要很仔細地檢視是多麼地重要，尤其如果是做為修行之用的唐卡，更應該如此。

白度母唐卡左下角的圖像看似長壽菩薩，因為他手持長壽瓶，但他的膚色是錯誤的，正確的膚色應該是珊瑚紅。右下角應該是金剛手菩薩（Vajrapani），但他的右手應該握著金剛杵。此外，兩者都應該頂戴寶冠。

尼泊爾地區最近所繪製的白度母唐卡，雖然繪畫技巧高明，但其中有些錯誤。
（不知名尼泊爾畫師繪／18 x 26"／約2000）

猜猜看，哪裡有問題？

問題①
根本上師是阿彌陀佛，
圖中卻以長壽佛代替。

問題②
頭部光環應如月光般潔
白，而不是綠色。

問題③
蓮花顏色應該是藍色。

問題④
長壽菩薩，缺了寶冠且膚色應
該是珊瑚紅，而不是黃色。

問題⑤
金剛手菩薩，缺了寶冠且右
手應該拿著金剛杵才對。

良莠不齊的市場，也有頂級的畫像

最近一個尼泊爾工作室的畫作（頁106），使用壓克力顏料繪製唐卡，這些顏色缺乏傳統繪畫的飽滿色澤，但比起早期使用壓克力顏料的作品來說，圖畫品質堪稱優良。構圖取材自藏東的木版印刷，並且忠實地呈現了原來的畫像。

另外一幅唐卡〈三族姓尊〉（頁107），是西藏佛教常見的三位菩薩，包括觀音菩薩、文殊菩薩與金剛手菩薩，分別代表「慈悲、智慧、伏惡」三種特質。這幅畫是一位很好的尼泊爾畫師與一位畫藝精湛的西藏老師共同合作的唐卡，以壓克力顏料繪成，是現今能買到的頂級唐卡的範例。

長壽佛的對照圖

問題①畫的長壽佛也有錯，圖中少了蓮花座、嚴飾、持物等細節。

正確嚴飾所畫的長壽佛。（取材自綠度母唐卡局部，蔣詠・辛傑繪／15 x 22"／礦物顏料／1990）

蓮花生大士、大堪布寂護菩薩（下左）與赤松．德贊王（下右）唐卡。此幅雖以壓克力顏料繪製，但圖畫品質堪稱優良。

（不知名尼泊爾畫師繪／15 x 23"／壓克力顏料／1995）

現今能買到的頂級唐卡範例。畫中觀音菩薩、文殊菩薩（下左）與金剛手菩薩（下右），代表著慈悲、智慧與伏惡三種特質，是唐卡中常見的三位本尊。

（不知名尼泊爾畫師與西藏老師繪／15 x 26"／壓克力顏料／2000）

到處可見的時輪金剛咒牌，該怎麼判斷是否正確呢？

①十個相互連結的心咒種子字必須正確的交叉連結。②種子字下的日輪底座，顏色由上往下，必須是金黃色、藍色、紅色以及白色。③周邊只能繪製火紋或摩尼寶，而非其他圖案。（蔣詠．辛傑繪／11 x 14"／礦物顏料／2011）

效力強大的時輪金剛咒，正確與否差異大

迷你型或小型時輪金剛（Kalachakra）咒牌是用來做貼紙、門簾、項鍊、手鐲或甚至T恤的典型設計。人們尤其喜歡將貼紙貼在車窗或窗戶上，因為這個效力強大的神聖符號，象徵時輪金剛咒，可以平衡並調和地、水、火、風、空等五大元素與東、西、南、北四個方位，並去除環境的負面能量。因為這些緣故，典型的傳統西藏家庭或寺院，都會將時輪咒牌刻在門口上方。我們在路上或在特別覺得需要平衡負面力量與調整氣場的地方，經常可以看到它被刻在巨大的岩石上。

這個圖像代表時輪金剛咒的十個相互連結的心咒種子字，是時輪本尊的心髓。時輪金剛咒有兩種版本，現在最常見到的版本是此處所看到的這一個，稱為「覺囊大師多羅那他派」（Great Jonang Master

猜猜看，哪裡有問題？

門簾上時輪金剛咒的顏色、交叉連結及底座很多是錯誤的。（9 x 10”）

Tāranātha Style）。有關時輪金剛咒的內容無法在此詳細介紹，如果讀者有興趣的話，可以詢問你的上師，請他們為你做更深入的解釋。

我所畫的時輪金剛咒牌（頁108），是儘量依照我所知道的正確畫法完成的，你可以看見下面三個時輪金剛咒牌與我所畫的之間差異頗大。我可以很有把握地說，那些符號所用的顏色是不正確的，儘管這些圖像仍會帶來加持的力量。然而，因為這個咒語的複雜性與神聖性難以掌握，所以讀者必須了解許多版本有很多地方並不如法，能找到正確的表現形式總是比較好。

時輪金剛咒是西藏佛教裡最常見的符號之一，我在當學生時便學會畫這個咒牌。在這幅畫中我用了自認為最符合傳統的正確顏色。

時輪金剛咒貼紙的外環，應該有火紋環繞。（4 x 6”）

時輪金剛咒貼紙上的心咒顏色很多是錯誤的。（4 x 6”）

第八章

請供一幅唐卡的時機與動機

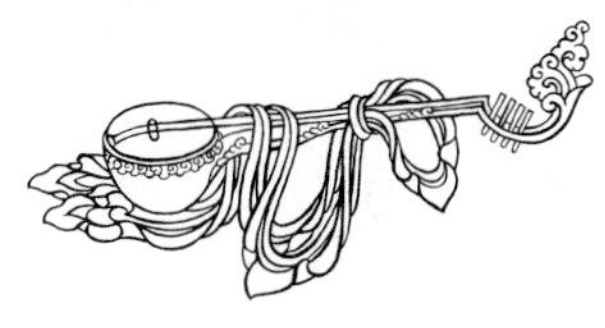
西藏琴

送你一個禮——出生與來生的唐卡

唐卡可分為「出生唐卡」(Birth Thangka)和「來生唐卡」(Rebirth Thangka)。西藏人在孩子出生時，父母通常會請供一幅「出生唐卡」，也就是新生兒的父母會請占星師看看新生兒的出生星象圖，如果曆書上寫的是供奉某一位本尊的日子，那就表示這位本尊與新生兒之間有緣，通常這孩子的家人就會委託畫師繪製一幅這位本尊的唐卡。

「來生唐卡」是年老時可以請供的。如果要訂製一幅「來生唐卡」，我們會先請示根本上師，為了來生的利益著想，在今生可以做些什麼。有些上師會回答你，有些則不然，這因人而異，得視老師的能力而定。只有修證圓滿的仁波切才具有神通力（藏 ngonshay），他們能夠預見你的來生，並給予你正確的指引。現在有很多人使用「仁波切」這個名號，「仁波切」在藏文中意指「珍貴的」（precious），許多上師確實是珍貴的老師，但我在此所指的是「祖古」（藏 Trulku，尊貴的轉世者），即此人在出生時，有許多吉祥的徵兆，因而被特定的大喇嘛正式認證為轉世的祖古或以前某位仁波切的轉世。

如果你可以從自己主要的上師處得到繪製「來生唐卡」的指示，這是非常好的。仁波切也許會立即給予你指示，也可能幾天或甚至一個星期後再告訴你。仁波切有時會告訴弟子應該要請供一幅特別的唐卡，但也有可能是請供雕像或其他聖物。如果這位祖古已經指示你如何繪製「來生唐卡」，那麼你就可以把唐卡的名稱和祖古的書面指示拿給唐卡畫師，唐卡畫師則必須根據聖典和仁波切的預言，遵照特定本尊的指示來繪製。

如果唐卡畫師已經有一幅適合的畫作，那是很幸運的，不過，你要仔細檢查以確定所有的本尊是遵照指示而繪製。你可能會發現，有一些唐卡是從其他不正確的或甚至不完整的唐卡複製而來的。

我們也有可能為了往生者而向證量很高的仁波切請求指示。如果仁波切仔細觀察這個人的未來，然後建議繪製一幅阿彌陀佛淨土（藏Dechen Shengko，即西方極樂世界）的唐卡，這是很吉祥的徵兆，表示往生者可能已經投生到阿彌陀佛的淨土。

一般而言，也可以諮詢西藏的占星師，只要把往生者死亡的正確日期和時間給他們，占星師便會畫出一張占星圖，並指示你應該製作何種唐卡或雕像。

給你保護——清除障礙，領受加持

想要擁有唐卡可以有許多理由，如果你是請購現成的唐卡，那麼，在決定之前，請一位藏傳佛教的上師或唐卡畫師給你一些建議是很重要的。有許多身著僧袍的僧人，他們或許人很好，但可能沒有足夠的專業知識可以建議選擇哪一張唐卡是最好的。人們看到穿著僧袍的出家人，就認為他是一位老師或禪修大師，但是大家都不清楚其實剛出家的僧人也是身著僧袍，你其實無法從外表斷定一位出家人的證量。在某些傳承中，寺院會挑選一些已經待在寺內很長時間的僧人去進行三年的閉關，只有完成三年閉關之後，這些僧人才能被稱為「喇嘛」（上師），因為在他們如此做之後，才會被視為已經完成「基本訓練」，不過他們可能還是不太了解唐卡的品質。所以，你必須慎選給你建議的上師，這是很重要的，因為所選擇的唐卡對於藏傳佛教者每日的觀想修持和禪修會有很大的幫助。此外，合宜的唐卡也會保護四周環境並清除障礙。

唐卡也會幫助人們認識諸佛與菩薩，讓修行者在修行道上前進時，或甚至是到了來世時，都能夠認出祂們。當在家裡懸掛唐卡時，你會希望唐卡裡所繪的本尊也能夠「示現」於家中——真正「活靈活現」的感覺。無論你在任何時刻看著唐卡，你也會同時領受到加持，也就是你能夠達到「見即解脫」。

此外，就唐卡本身而言，它也是很美的，它是一項珍貴且古老的神聖藝術形式。它能啟發人朝著證悟的方向努力。

幫助修行——引導法本觀想

另一個擁有唐卡的理由是，你對於某位本尊感到相應，或者你多年來一直在念誦某位本尊的咒語並修持某種法，你因而希望請購一幅與自己修行相應的唐卡。你可以把法本或經頁拿給唐卡畫師參考，畫師就能夠確認唐卡的每一個細節都符合你的修行方式。即使修持同一個本尊，有時所學的修行方式還是會有所不同，也許在所用的觀想上會有一些微細的差異。造成這些差異的原因可能是因為法本的出處不同、傳承不同或本尊化身不同的緣故。如果唐卡完全根據你的需求繪製，這對你的修持和觀想將會有很大的幫助。

如果你想要尋找一幅可用來修持藥師佛法本的唐卡，你就應該擁有一幅符合經頁描述的圖像，當然是愈貼切愈好。下頁有藥師佛法本的三張仿貝葉經頁（頁116），非常仔細地描述藥師佛淨土的各種構成要素，包括位置、寶座、膚色與手印等，甚至至蓮花瓣的形態都有詳細的說明。

不同的聖像，達成不同的心願

有些唐卡會清除障礙或惡業，有些則可以提供保護或達到治病、長壽的特殊利益。時輪金剛壇城的唐卡或咒語，有助於平衡並整合佛教宇宙論的所有元素，其威力無疑地會清除障礙。有些唐卡可以幫助你達成特定的心願，例如學生如果擁有一幅能夠帶來智慧的文殊師利菩薩或妙音天女（Sarasvati）的唐卡，就能獲得特別的利益。從事醫藥業的人，則可從持有藥師佛的唐卡中獲益。想要長壽的人，可以請一幅長壽佛或白度母的唐卡，或者你可以提供阿彌陀佛或白度母的唐卡給他人，這樣會幫助接受者獲得長壽。同樣地，金剛薩埵（Vajrasattva）唐卡能夠清除惡業；綠度母

PAY NGANG LE TONG SUM DI TA NA DUK GI PO TRANG DU GYUR PAY NANG DU/ SENG GAY TRI
emptiness this universe becomes a beautiful palace. Upon a lion throne, sun and moon seat, the seed-

PE DA SO SOY TENG DU/ RANG NYI DANG DUN KYE KYI TSO WOY SA BÖN HUNG TING KA LE 3b
syllable, blue HUNG, of myself and the one in front each becomes Menla, blue like lapis lazuli,

MEN LA KU DOK BE DUR YA TA BU Ö ZER TRO WAY KU CHEN/ CHÖ GÖ SUM GYI LAP PA/
radiating light. Wearing the three robes of Dharma, the right hand in the mudra of giving holds the

---

CHE/ ZE ME GYUR CHIK PU DZA HO// DRO KUN DE DEN DUK NGEL
mandalas, royal emblems and goddesses. May it be inexhaustible. May all beings attain happiness

DRAL/ DE LE NYAM ME TANG NYOM SHO// 3
and be free of suffering. May their happiness not deteriorate, and may they attain equanamity.

TONG PA NYI DU GYUR/ TONG
OM SOBHAWA SHUDHA SARWA DHARMA SOBHAWA SHUDHO HAM/ All becomes emptiness. From the domain of

---

CHAK YE CHOK JIN A RU RA DANG/ YÖN NYAM SHAK LHUNG ZE DZIN PA/ TSEN PE
Arura. The left, in meditation mudra, holds a begging bowl. Seated in Vajra position, complete with

DZOK SHING DOR JAY KYIL TRUNG SHUK PA/ KYE PAR DU DÜN KYE KYI DAP MA NAM LA/ TUP WANG 4
all the characteristics and signs of a buddha. On the petals of the lotus of the one in front is

LA SOK PAY SANG GYE DUN DANG CHÖ PU TI/ DE GYAP SEM PA CHU DRUK/ DE GYAP JIK TEN
Shakyamuni and the rest of the seven Buddhas, and the volumes of the Dharma. Behind are the sixteen
Bodhisattvas, and behind them are the ten protectors of the world and the twelve chiefs, each with

藥師佛法本的三張仿貝葉版經頁，仔細描述藥師佛淨土的各種要素，
是畫師繪製藥師佛圖像的依據。（2 x 9"）

能提供各式各樣的保護；六臂白瑪哈嘎拉、黃象鼻財神（Ganapati）、袞波措達（Gonpo Tsokdak Serpo，護法戰神）、財源天母（Lhamo Norjumma）與財寶天王（Lord Zambhala Serpo）都能掃除障礙，護佑人們在各方面都富足豐饒，包括獲得平安、祥和、健康和財富等。

人們有時希望創造一種更安詳的氣氛，因此會請購寂靜本尊的唐卡，例如綠度母、白度母、長壽佛、蓮花生大士、觀世音菩薩和慈悲的菩薩眾等，這些都是寂靜本尊。當人們到店裡選購寂靜本尊唐卡時，可能會找到某件自己喜歡的現成畫作，這樣也很好。

有兩位威猛的女性本尊，一位是大白傘蓋佛母（Dugkar），另一位是獅面空行母（藏Singdongma；梵Singhamuka），這兩位本尊都具有強大的力量，能清除所有的負面障礙，例如詛咒、惡夢、急症、死亡或不祥之兆。

描繪忿怒的瑪哈嘎拉和瑪哈嘎利（Mahakali）的唐卡是屬於特殊的一類，你必須依照自己的傳承去選購，而且需要你心靈老師的具體建議。瑪哈嘎拉和瑪哈嘎利是護法神，他們具有清除障礙的大威力。在寺院中，瑪哈嘎拉的修法場所跟共修的大殿甚至是分開的。但對不熟悉這兩位本尊的人，或不了解祂們能夠保佑四周環境和住在其中眾生的人而言，這些忿怒本尊的圖像可能會令他們感到不太舒服。

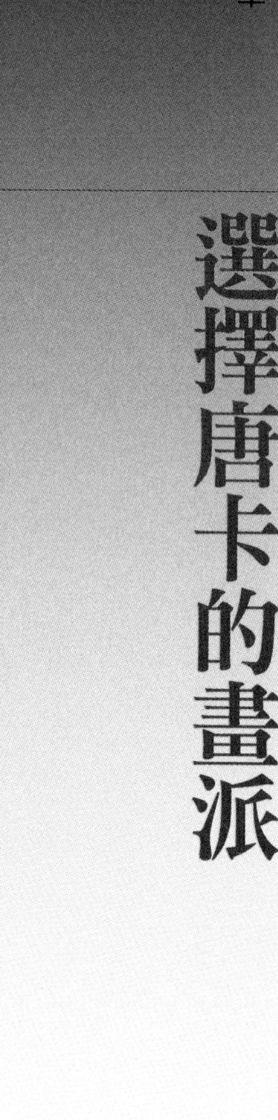

第九章

選擇唐卡的畫派

在你請示過自己的上師，而上師建議你某位本尊之後，仍然有些部分需要靠你自己決定。你想要訂製哪一種畫派的唐卡呢？通常在印度和尼泊爾可以買到欽日（Khyenri）畫派、曼薩爾畫派、勉孜畫派、噶瑪嘎孜畫派和新嘎孜畫派的唐卡。這些畫派的風格有時會因為藝術家個人的喜好和訓練而融合在一起。我認識的一些唐卡畫師受過兩種或更多畫派的訓練，因此他們會融合這些技法，而創造出自己的表現風格。

哪一種畫派抓得住你呢？

有些人因為欣賞細緻的色彩處理與立體空間的用法，所以偏好噶瑪嘎孜畫派，

珊瑚

有些人則因為喜歡較強烈的色彩與較平面化的圖像空間設計，所以偏好較誇張的勉孜畫派。諸如此類，不同唐卡畫派之間往往存在著許多明顯的差異。選擇哪種畫派，端視個人的喜好而定。

通常在尼泊爾的工作室，一幅唐卡會由幾位專家共同繪製，主要的畫師繪製圖像，某人負責描影，其他人上色，另外還有擅長做織錦金線的人等等，但是這並非唐卡傳統的製作方式。在傳統上，主要的畫師會自己完成整幅畫，有時也會請妻子或學生替他畫陰影圓點和磨製顏料。

要找到純粹傳統製程的各畫派唐卡是很困難的。例如，現在準備畫布的方式跟以往已經不同了。現在的噶瑪嘎孜派畫師通常會用鋅白打底，但是傳統上，畫布一定是以淡茶色為基底。此外，特別是在印度和尼泊爾，現在的畫師大部分都使用壓克力顏料，只有少數的畫家仍然使用昂貴和耗費人力的礦物顏料。

我只用半寶石礦物，雖然這種東西已經愈來愈難取得，我必須在世界各地找尋這些礦物，研磨成細粉之後，再製成顏料。礦物顏料不但昂貴並且非常耗時，但是畫作成品呈現的色彩既自然又鮮豔，即使是超過一千年歷史的唐卡，仍然可以保持鮮麗的色彩。

我自認為是一位噶瑪嘎孜畫派的唐卡畫師，我的傳承是噶瑪嘎孜畫派，我的老師是傑嘎喇嘛。他是一位聲望卓著的畫師，許多大喇嘛都尊崇他是一位畫藝高超的唐卡畫師、老師和作家，我謹慎地遵循他給我的教導。不過，即使是同一個畫派，每位畫師的繪畫風格總是會有顯著的差異。畫家們會選擇自己想要的風景圖案和著色，例如使用淡色或亮色，或是在唐卡上選用複雜或單純的風景。這些選項仁智互見，端看畫家如何決定。

畫裡千秋，一眼看盡

勉孜畫派和噶瑪嘎孜畫派的不同是在風景、雲朵和天空的部分，勉孜畫派運用的描影手法稱為「濕染法」，選用的顏色也比較濃艷。一般而言，勉孜派唐卡的風景和天空，與浮現在前景的本尊是在同一個視覺平面上。下面是一幅相當出色的勉孜畫派的白度母唐卡（**左頁**），由一位畫藝高超的格桑．洛多．歐謝藝術家所繪。

如何看勉孜畫派的唐卡？

①筆觸上色較厚重，色彩較濃艷。
②本尊周圍添入許多背景妝點，凸顯出熱鬧群集的質感。
③本尊與背景構圖融合在一起，幾乎在同一個視覺平面上。
④採用「濕染法」表現明暗陰影效果，多運用在描繪風景、雲朵和天空。
（白度母唐卡，格桑．洛多．歐謝繪／18 x 29"／年代不詳）

在噶瑪嘎孜畫派裡，陰影稱為「乾影」（或「乾點描法」），所有的陰影都是以小點描繪而成。這種工法很耗時，每一張唐卡都要數個月的時間才能完成，但這也會讓最後的唐卡成品呈現出獨特的樣貌。下面一幅白度母唐卡（頁123）是我以噶瑪嘎孜畫派技法繪製而成的範例，以層層精細的小圓點創造出景深和空間感，因此，本尊的圖像會從這個視覺環境中浮現出來。噶瑪嘎孜畫派的作品看起來極為立體，就如呼之欲出一般。

從遠處欣賞噶瑪嘎孜畫派的唐卡時，唐卡中的主體變得好像三D立體圖，顯著而細緻的風景讓人有一種非常和諧的平衡感與開闊感。這種藉由精細的線條勾勒，區隔出背景的構圖，讓本尊美麗的形體得以凸顯。此畫派偏好柔和與清晰明亮的特殊色彩，同時也以細膩的筆觸將這些色彩塑造成燦爛輝煌的圖像。

如何看噶瑪嘎孜畫派的唐卡？

①筆觸細膩，色彩較明亮、柔和。

②本尊周圍保留較多的空間，營造出開闊及禪風般靜謐悠遠的意境。

③擅用精細線條勾勒本尊形體，區隔背景構圖，本尊圖像如從整體風景中浮現出來，極為立體，呼之欲出。

④獨特的「乾點描法」，透過層層細膩的小圓點表現明暗陰影效果，創造出景深和空間感。

（白度母唐卡，蔣詠．辛傑繪／19 x 28"／礦物顏料／2008）

由此幅唐卡的局部特寫之一（**左圖上**），可以看出白度母的光環、圓滑的山丘是以各種顏色的小圓點堆疊而成；特寫之二（**左圖下**），可以看到細長的筆觸讓細緻的蓮花瓣顯得「嬌豔欲滴」且滑順，「慈悲的鹿王」有著一身柔順的皮毛，甚至連粉紅的耳朵也是慢慢點出來的。

唐卡畫師在繪製神聖的唐卡時，對每一個細節都不敢掉以輕心，並且抱著虔敬的心情處理每一個繪畫步驟。

看了白度母不同的畫作風格之後，我們再來看看最為人所知的千手千眼觀音像。這幅千手觀音唐卡（**頁126**）是勉孜畫派的，它是由一位不知名的畫師所繪製，足堪代表現今市面上流通的許多唐卡的品質。

在噶瑪嘎孜畫派裡，千手觀音的外形相較於白度母是較年長成熟，宛如慈母面容一般，強調莊嚴、健美以及比例勻稱的身軀，來顯現其端莊肅穆的一面。下面這幅噶瑪嘎孜畫派的觀音聖像（**頁127**），是依照八蚌寺的千手觀音法本儀軌所繪製的。請注意，這尊擁有十一個頭和千手千眼的大悲觀世音菩薩唐卡上的微妙細節，你在商店裡看不到這種品質的唐卡。

局部特寫一——白度母的臉龐

這幅畫的特殊之處在於光環是金黃色的，一般都以白色來代表月亮。此外，注意畫上層層堆疊的小圓點，便是創造景深及空間感的小功臣。

局部特寫二——慈悲的鹿王與蓮花瓣

鹿王一身柔順的皮毛、蓮花瓣的嬌豔欲滴，都需要細長的筆觸描影、精細的線條勾勒，才能呈現動人的效果。

（蔣詠・辛傑繪／19 x 28"／礦物顏料／2008）

千手觀音唐卡（勉孜畫派）
（不知名畫師繪／17 x 23"／材質與年代不詳）

千手觀音唐卡（噶瑪嘎孜畫派）
（蔣詠・辛傑繪／18 x 30"／礦物顏料／1998）

承先啟後，不同的唐卡畫風

「曼薩爾」是另一個唐卡畫派。由印度札西炯（Tashi Jong）的慈仁・旺秋（Tsering Wangchuk）所繪製的阿閦如來（梵 Aksobhya；藏 Mikyodpa，**頁 129**）唐卡，是曼薩爾畫派很具代表性的一幅作品。

阿閦如來面為藍色，手持金剛杵。依照量尺規格，佛像形體端正，明亮的用色，以及整體均衡的搭配，是一幅佳作。曼薩爾畫派是勉孜畫派的一個支派，將此畫風呈現於此，讓讀者可以欣賞到各種不同的唐卡畫風。

另外，一位不知名的畫師，以噶瑪嘎孜傳承的舊式繪畫風格所繪製的岡波巴（Gampopa, 1079-1153，**頁 130**），是一幅傑出的唐卡。從這幅道地的噶瑪嘎孜畫派的範例中可以看到，風景和配色清淡、細膩；此外，畫師用心地描繪人物臉部的表情，讓它們看起來既莊嚴又傳神。

阿閦如來唐卡（曼薩爾畫派，此乃勉孜畫派的一個支派）
（慈仁・旺秋繪／18 x 23"／礦物與膠彩顏料混用／2009）

岡波巴唐卡畫風純樸，可歸屬舊噶瑪嘎孜畫派。

（不知名畫師繪／17 x 20"／礦物顏料／年代不詳）

唐卡上方那塊藍色織錦位置錯了，應該縫製在唐卡正下方，這是象徵唐卡之「門」，引領行者通往本尊淨土。

岡波巴（Gampopa, 1079-1153），是瑜伽士密勒日巴尊者的弟子，亦是杜松虔巴（即第一世大寶法王噶瑪巴）的上師。在這幅唐卡中，岡波巴本尊面色呈現芥末色，乃是使用純金的緣故。供養此畫的功德主為積聚福德資糧而請畫師採用純金，一般則是以膚色為主。

請注意此幅唐卡所縫製的織錦襯邊上下顛倒了。雇用有經驗的唐卡裁縫師真的很重要！

第十章

選擇唐卡的配色

唐卡使用目的，決定外觀用色

如果上師囑咐你去購買或訂製一幅唐卡來幫助你修某個法，你最好是根據那個法本中敘述的觀想顏色，找到一幅色彩相符的唐卡。如果這幅唐卡並非用來修某個法，但是上師建議你擁有某位本尊的唐卡，那麼你對於唐卡最後的外觀，可以有好幾種選擇。如果是寂靜本尊，你可以選擇金色、紅色或白色的背景。如果是忿怒瑪哈嘎拉，你就可以選擇上面那幾種顏色或黑色做為唐卡的背景。

黑色、紅色和金色的畫布都需要用到大量的純金顏料。在黑色背景上，以黃金顏料繪成的忿怒本尊像，看起來會特別威猛有力。

使用黃金顏料會增添唐卡的珍貴性，同時也被認為是功德主累積更多福德的方

彩繪三寶

法。然而，即使完全不用黃金顏料，一幅好的唐卡仍然是非常珍貴的。

本尊類別，影響色彩搭配

雖然下面這幅黃金唐卡（頁134）並非一個特別好的範例，不過這幅釋迦牟尼佛的黃金唐卡是以純金顏料覆滿整張畫布，它被稱為〈懺悔〉（藏Tungshag）唐卡。中央主尊是釋迦牟尼佛，周圍被三十四尊佛所環繞。在珍貴的黃金顏料上，以淡色勾勒出三十五尊佛的輪廓。這種以金色為背景及纖細的線條描出輪廓和陰影的技法，適用於所有的本尊唐卡，包括寂靜本尊或忿怒本尊。

另一幅紅色的蓮花生大士唐卡，是一個很好的範例，它是以紅色的硃砂顏料塗在整張畫布上，並以純金顏料畫出輪廓和陰影。在朱砂顏料的背景上，使用非常少量的色彩。寂靜本尊或忿怒本尊也都適用於紅色畫布。

最後一幅，黃財寶天王唐卡是以黑墨為背景，以純金畫出輪廓和陰影，也運用了一些淡色覆蓋在陰影上。只有瑪哈嘎拉、瑪哈嘎利和半忿怒本尊才會以黑色為背景。

三十五懺悔佛黃金唐卡，是以純金顏料覆滿整張畫布。
（不知名畫師繪／18 x 23"／黃金與礦物顏料／年代不詳）

蓮花生大士唐卡，以純金顏料繪製在紅色畫布上。
（蔣詠・辛傑繪／18 x 23"／黃金與礦物顏料／1995）

黃財寶天王唐卡，以純金顏料繪製在黑色畫布上。
（蔣詠・辛傑繪／18 x 23"／黃金與礦物顏料／1993）

第十一章

認識唐卡的材質

寶礦供缽

顏料不同，價值大不同

如果唐卡使用的是合成顏料，你就不需要過於擔心龜裂的問題。現在於印度和尼泊爾大部分的唐卡畫師都是使用壓克力顏料，這些唐卡到處都能買得到。不過，你也可能發現一些受過傳統訓練的唐卡畫師，仍然會使用半寶石和寶石的礦物顏料，這些顏料必須用手工研磨，然後混入牛皮膠，這需要好幾年的訓練和練習。在所使用的昂貴礦物之中，還包括了純金在內。

如果你把兩幅唐卡掛在一起比較，一幅是用礦物顏料，另一幅是用壓克力顏料，你一定會看出它們的差異，尤其是使用高倍放大鏡對準藍色（青金石）、綠色（綠松石）或紅色（硃砂）時，如果是礦物的顏料，你會看到顏料閃閃發亮，這些亮點其實是仍然完好無缺並懸浮在研磨礦物顏料中的水晶體的琢面。

畫布質地，一看辨新舊

辨別一幅西藏唐卡是否為真正的骨董，就是去鑑定唐卡的棉質畫布。如果是一幅老唐卡，你會看到手工織棉所呈現的粗糙不平的質地。從畫作的正面通常便可以看到畫布的質地，但是如果你可以更進一步地看到畫布的背面，就更能夠確定畫布是由手工或織布機編織而成。現代的唐卡都是使用機器編織的棉布，這種材質又薄又平滑。

如果你能夠看到顏料的光點和手工編織的畫布，就能確定這是一幅老唐卡，但是如果你對於想要購買的這幅唐卡仍然存疑的話，請一位專業的唐卡畫師幫你鑑定會是個好主意，因為沒有人能比一位經驗豐富的唐卡畫師更會分析唐卡。

第十二章

貼布繡唐卡

水果

唐卡也有繡的嗎？

唐卡有時是全部以貼布繡織物製作而成的。貼布繡唐卡是以巧妙的手法裁剪絲質織錦、棉布、銅絲、金絲和銀絲，並將這些材料拼成想要創作的圖案之後，再小心地縫合在一起，以創造出想要的效果。貼布繡唐卡的細部頗為出色，可能會讓人眼睛為之一亮，但從遠處看時，你很難分辨是貼布繡唐卡或筆繪唐卡。

在西藏，貼布繡唐卡通常於戶外使用，有時唐卡高達五層樓，甚至是十層樓。在特別的吉祥節慶時，藏人才會一年一度地將貼布繡唐卡展開。僧眾會舉行特別的修法，住在附近幾里外的所有人都會聚集觀賞神聖的唐卡，人們會點香供養、念誦咒語和祈福祝禱。

尚未完成的蓮花生大士貼布繡巨作
丹津大師正在製作蓮花生大士貼布繡唐卡，以巧妙的手法裁剪絲質織錦、棉布、銅絲、金絲等物製作。
（丹津・嘉增・嘎東作／整張唐卡20x35英尺／黃金與絲的編織／2009）

貼布繡唐卡並不普遍，直至目前為止，在西藏以外的地方都很難找到手藝精湛的貼布繡唐卡師。你在印度和尼泊爾的商店裡可能會看到一些貼布繡唐卡，但很少有真正上等品質的作品。

難得一見的貼布繡唐卡

貼布繡唐卡可以有各種尺寸，小尺寸的適用於家中。下面是一幅仍在製作中的蓮花生大士貼布繡唐卡（**右頁上**），是知名的丹津・嘉增・嘎東（Tenzin Gyaltsen Ghadhong）大師的作品，他現在於印度的八蚌智慧林法座任教及工作。（**右頁下**）

從這幅仍在製作中的貼布繡唐卡巨作的局部特寫中（**頁142**），可以看到它的細部相當精巧。而另一幅釋迦牟尼佛貼布繡唐卡（**頁143**）的品質則比較次等，這是近期由不知名的藝術家所完成的作品，風格也有點不同。許多這一類的貼布繡唐卡，現在於西藏、尼泊爾和印度的商店都購買得到。

釋迦牟尼佛貼布繡唐卡
（不知名藝術家作／16x20"／絲與其他布料／2005）

PART 3

一幅唐卡的完成與加持

第十三章

唐卡畫師的簽名

藍蓮花

畫作上可以簽名嗎？

唐卡一般是沒有簽名的，因為簽名通常被認為是佔有、執著或自我的記號。我們很少會在比較古老的唐卡上看到簽名，但有時人們正式題獻時，就會在唐卡的正面或背面簽名，例如會寫下這幅唐卡是由某功德主委託繪製，在一個喜慶吉日呈獻給某位仁波切。在一幅以白度母為主尊的「長壽三尊」唐卡上（**左頁**），你可以看到這樣的題獻，上面表明是要祝賀慈尊廣定大司徒巴的五十歲生日。（**頁 148**）

「長壽三尊」白度母唐卡（噶瑪嘎孜畫派）
在西藏佛教中，無量壽佛（左上）、頂髻尊勝佛母（右上）、白度母（中央）被認為是福壽吉祥的象徵，稱為「長壽三尊」。
（喜饒・班丹繪／13 x 17"／2004）

有些現代唐卡畫師確實會簽上自己的名字，有時功德主會特別要求他們這麼做，但這是順應現代畫風的作法，並不常見。

畫作傳遞了什麼？

我們通常不太容易得知唐卡的繪製日期，除非你是經驗老到的專家，不只懂得這一畫派，還熟知唐卡畫的歷史，包括畫派、繪法與材質等等。近來，有些收藏家將骨董的價值凌駕於唐卡之上，但傳統上，西藏人更重視個人與畫像之間的心靈連結。

你也許會注意到，有些唐卡在某些畫像下方會慎重地寫上名字，那是畫中人物的名字，這麼做是為了確保觀看者能認出畫像的身分。

Amitayus Buddha and Protector for the land of bliss. Wishfulling Wheel, mother of all Victorious Ones.Ushnisha Vijaya. Giver of long life, the immortal wisdom.
By these three, may all be auspicious with genuine goodness and excellence.

For the Protector Maitreya, Vejradhara Tai Situ Pema Donyo,
this prayer to invoke all that is auspicious was composed by the Karmapa to commemorate the occasion of his fiftieth birthday.

「長壽三尊」白度母唐卡上特別題獻給慈尊廣定大司徒巴的五十歲生日獻詞。

（喜饒・班丹繪／13 x 17"／2004）

第十四章

唐卡與功德主

海螺

商業畫與訂製畫的差別，在於心態

我的老師傑嘎喇嘛曾經告訴我，古時唐卡快要完成時，在尚未畫上眼睛（稱為「開眼」）之前，唐卡畫師會選定一個黃道吉日，例如農曆十五的月圓日、佛陀誕辰日或蓮花生大士日，安排功德主前來見證本尊的開眼。這是本尊活現於唐卡的時刻，透過這種方式，來建立本尊與功德主之間的連結。

接著，功德主就可以完全擁有這幅唐卡了，此時，功德主會供養畫師一筆酬勞。傳統上，功德主會竭力供養，唐卡並無定價，任何有價值的東西都可以拿來供養，例如酥油、糌粑、起司、優格、牛奶、金、銀、織錦、茶或貨幣。

現代的唐卡買賣通常是在商店進行，唐卡的銷售被當成一般的商業交易，有時選擇唐卡的主要因素是價格，而討價還價變成「購買儀式」的一部分。

唐卡的精神，不只是畫

如今在世上某些地方，同樣的事也正發生在聆聽上師的開示上。現在聽聞佛法竟然要繳交入場費，這是以前從未發生過的事。心懷感恩的人會竭盡所能地歡喜供養，而上師在接受供養時，甚至不知道哪個人供養了多少錢，即使收到的供養很少，上師仍然會毫不猶豫地給予教導，這樣的傳統已延續了數千年。

從前的人也是一直抱持這樣的精神對待唐卡畫師。人們會盡力供養，因為他們知道自己獲得一幅很棒的唐卡，而這幅作品是畫師曠日彌久，花費了好幾天、好幾個月，甚至好幾年的時間，努力工作、奉獻身心和祈福祝禱才完成的。

現在仍有些人對於默默奉獻之唐卡畫師的作品抱持深切的感恩心，因為他們了解唐卡蘊含了教法的精髓，而唐卡畫師進入了那個世界裡，將本尊帶給他們，並且幫助他們修持和觀想。

人們應該謹記，當購買或訂製唐卡時，就是在支持唐卡畫家，以及古老神聖的唐卡繪畫藝術。無論畫師的優劣，或無論你是直接向唐卡畫師購買，或從當地的商店購買，這樣的購買都仍然能讓藝術家和這個神聖的傳統受益。

第十五章

織錦裝襯

無盡結

唐卡完成之後，功德主就可以取走新唐卡，拿到懂得縫製傳統的絲綢織錦襯邊的裁縫師處。絲綢織錦被廣泛地使用，因為這種材質既美麗又珍貴，其中通常含有純金絲和純銀絲，染色也很持久。以織錦裝襯的唐卡可以捲起來，變成個人可攜式的佛龕。

選對襯邊顏色，唐卡更出色

唐卡通常是以織錦布料來鑲邊，一般會採用三種不同顏色的織布，有時這三種顏色的花紋是相同的。這些織布會依次套疊成三層襯邊，每層襯邊的顏色不同，最靠近圖畫的兩個襯邊（編按：即「內襯邊」）通常是紅色和黃色，先黃後紅或先紅後黃，取決於哪一個顏色最能夠搭配圖畫。如果最外層的襯邊（編按：即「外襯邊」）是藍色的，那麼最內層就應該是紅色，而中層會是黃色，這種配色會產生最舒服的平衡感和最鮮明的效果。外襯邊可以是藏紅色、金黃色、綠色或淺藍色，如果你的唐卡是黑色的話，那麼，藏紅色、黃色和綠色都是很好的選擇；紅色畫布的唐卡最好搭配金黃色、綠色和淺藍色；金色畫布的唐卡則除了金黃色之外，可以搭配所有織錦的顏色。根據我老師的說法，紅色搭上藍色的襯邊並非好的配色，因為這兩色混在一起會讓人看成紫色，而紫色並不會出現在西藏人的調色盤上。想要知道如何配色的話，你可以觀察古老傳統的唐卡，其中蓮花花瓣的顏色選擇，通常會是紅色配綠色，或藍色配橘色。

畫師、裁縫師聯手，品質天衣無縫

唐卡的織錦襯邊會有一塊特別的長方形織錦，它被縫在畫像下方（編按：即「地邊」）的中央，這塊特別的織布稱為「唐門」（藏goh），即通往唐卡之「門」，意指唐卡內有一扇通往淨土的門。有趣的是，頁130岡波巴唐卡的織錦襯邊上下顛倒——唐門跑到上面（編按：即「天邊」）去了。所以，找一位有經驗的裁縫師真的很重要。

唐卡的織錦來自印度或中國。在西藏，唐卡採用中國和印度的絲綢織錦；而在印度和尼泊爾，織錦大部分都是來自瓦拉納西（Varanasi）和印度其他各地。來自瓦拉納西的織錦大部分都是絲綢的，但也有一些其他的材質。絲綢和合成纖維的織錦都是機器織成的，品質相當不錯，不過，如果要訂製符合特定唐卡的織錦襯邊，最好的絲綢還是來自中國。你也可能找到古老而珍貴的中國絲綢織錦，有些人會從其他國家找到適合的織錦，主要的來源是日本和韓國。

將古老而珍貴的織錦華服拿來裁剪成唐卡的襯邊可能很吸引人，但這並不恰當。不論這塊織錦有多麼美麗，使用舊衣裳做為神聖唐卡的襯邊，都被視為是不敬的。棉也可以做為織錦襯邊的質料，它有時會用來代替絲，因為它的價格便宜許多，而且品質完全可以讓人接受。

當功德主訂製一幅唐卡時，唐卡畫師多半會提議由裁縫師縫製織錦襯邊，然後再由畫師親自將唐卡裝到織錦上。我較偏愛這種作法，我會根據我的唐卡來選擇絲綢織錦的圖案和顏色，自己丈量尺寸，甚至打版，然後拿給專門的裁縫師，並要求他特別依照我的囑咐來做。當襯邊完成時，接著我以手工的方式將唐卡縫上去，這樣我就可以確保唐卡不會受損。唐卡如果是以精細的礦物顏料繪製而成的話，更要注意這一點。有時如果唐卡畫師和裁縫師的合作關係不錯，畫師就會讓裁縫師來處理織錦和裝襯。不論是哪一種作法，唐卡畫師幾乎都會先選好襯邊的顏色和材質。

假使唐卡畫師交給你的是無裝襯的唐卡，或者你買了一幅無裝襯的唐卡，如果你想要以傳統的襯邊來裝襯，就必須找一位織錦裝襯的專家。只有某些裁縫師才有能力做這件事，老練的裁縫師也能替你的唐卡配上適合的織錦顏色。選對顏色是很重要的，很多時候你會選擇五彩繽紛、精緻繁複、光澤明亮和花色凸顯的織布，這塊布本身可能很美，但是它可能會很干擾畫作，淹沒了唐卡的微妙之處。一塊美麗織布的顏色和圖案應該是能增強觀看者的感受，並且能保護唐卡。我挑了一幅美麗的馬爾巴（Marpa, 1012-1097）唐卡（頁156），譯師馬爾巴是噶舉傳承的開山祖師，也是瑜伽士密勒日巴尊者的上師。唐卡中，馬爾巴周圍是大司徒仁波切前世的不同化身。但此唐卡的織錦裝襯精緻繁複、花色凸顯，反而干擾了畫作。

有了襯邊，還要地邊，唐卡才完備

當功德主收到一幅無織錦裝襯的唐卡畫（編按：即「畫心」）時，詢問畫師這幅唐卡所採用的是礦物顏料或壓克力顏料是很重要的。如果是使用礦物顏料的話，功德主一定要指示裁縫師在處理唐卡時要特別小心，因為任何的液體或油類都會毀損唐

一幅美麗的馬爾巴唐卡，因織錦裝裱過於繁複，反而搶了畫作的風采。
（不知名畫師繪／15x20"／材質與年代不詳）

卡的表面，而且唐卡如果有摺痕的話，就會龜裂。你也要確定唐卡畫師在唐卡「地邊」的下方是否有預留空間給地桿（或稱「唐薪」、「止薪」），而且在捲起唐卡要送出去之前，是否有先把地桿塞入其中，這樣做將有助於避免因摺痕而導致唐卡龜裂。以地桿懸掛唐卡時，有助於讓唐卡保持不動，同時會施加一點力量給唐卡，讓唐卡和襯邊變得平坦和直立。如果地桿不夠重的話，唐卡和襯邊就會凹陷並變形。

有裝飾圖案的軸頭本身是很漂亮的，它通常是結合金、銀、黃銅、紅銅或木頭等材質（下圖）。這些表面裝飾的金屬加工技巧包括鑄造、組裝、凸紋雕花和鏤刻，而且可以做出各種吉祥圖案和多層次的手工壓印或雕刻的飾邊。軸頭的設計有許多種，有的簡單樸素，有的裝飾得非常華麗，要選擇哪一種設計端看功德主以及他們的預算而定。雖然軸頭的作用是保護地桿，但是它主要的功能是裝飾。

保護唐卡地桿的軸頭，有金、銀、黃銅、紅銅或木頭等不同材質。

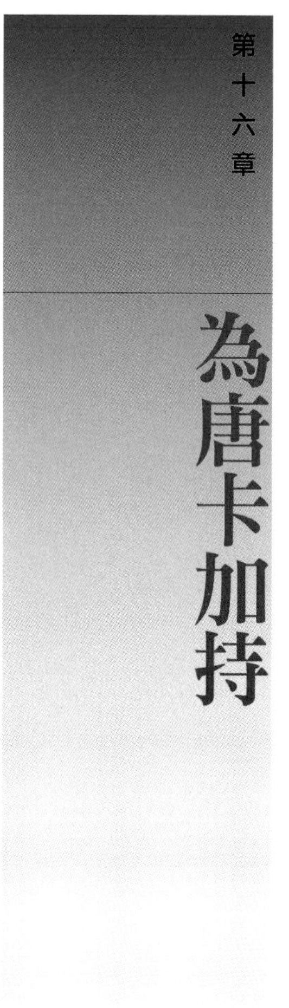

第十六章 為唐卡加持

心靈老師淨化開光

織錦裝裱完成之後，功德主就將唐卡帶到自己的心靈老師或根本上師處請求加持。老師加持唐卡的方法，就是在圖畫的背後寫上「嗡、阿、吽」（OM AH HUNG）的真言。在梵文和藏文中，這三字真言意指「身、語、意」。寫下了真言之後，心靈老師會淨化並加持唐卡，然後功德主就可以將唐卡帶回家掛在佛堂，或掛在家中某一個祈福祝禱和禪修的特別地方。唐卡會保護並加持整個環境，甚至是整個鄰近地區。

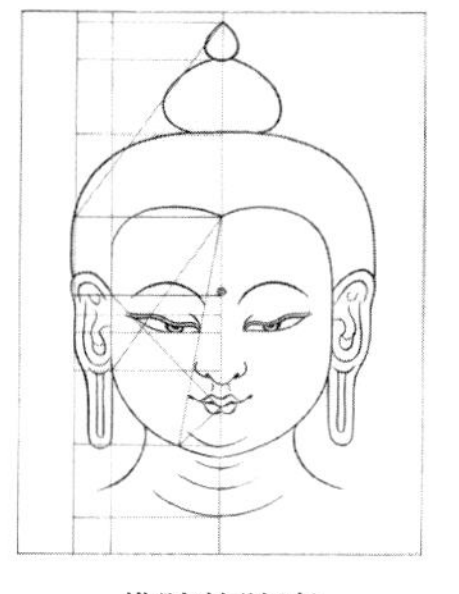

佛陀的臉龐

減少人為、自然的傷害，找到最佳的防護

唐卡應該被高掛在牆上，至少在我們的腰部以上，要遠離太陽的直射，並放在一個有益於我們祈福祝禱和禪修的地方。我們應該要確保人們不會碰觸到唐卡畫的表面，而且要避免唐卡表面受潮或風化。

我建議那些住在氣候惡劣地方的人，例如臨近海邊和空氣含鹽的地方，最好是用玻璃將唐卡封存起來。雖然這不是傳統的方法，卻能讓唐卡得到最佳的保護。

傳統的織錦襯邊會附加一層薄絲遮幔來保護唐卡的表面。通常，如果是寂靜本尊或佛陀的畫像，遮幔會用縫在織錦「天邊」頂部的長形綴帶捲起來。不過，如果是忿怒的瑪哈嘎拉護法唐卡，一般會放下遮幔將畫像遮起來。當你在家中進行瑪哈嘎拉修法時，則可以掀開唐卡的遮幔。在某些特殊的情況，例如仁波切或上師到你家中加持或修法時，所有唐卡的遮幔都應該要掀起來，以接受完全的加持。

創造家中的神聖空間

對西藏人而言，佛龕是最重要的東西，他們會投注許多心力與物力去創造佛堂的修行環境。如果這個家庭很富有，他們就會有一個專用的佛堂；如果沒有專門房間做為佛堂，他們至少也會在安靜的角落挪出一小塊地方做為佛堂。西藏人對於花很多錢在自己的佛龕，會感到既驕傲又開心，其中唐卡和雕像是佛龕最重要的部分。有時藏人會有很多的唐卡，以及雕像、祈請文法本、供缽、鈴和金剛杵。

整個家庭都很珍惜這些聖物，當時機來到時，這些聖物會傳給下一代。不過，有很多的情況是，當時訂製唐卡的那個人會把唐卡供養給他們的寺院或上師，聖物的主人有時也會讓家人知道這是他們未來的心願。無論是哪一種情況，在傳統上，唐卡都不會拿到市面上銷售。

佛堂是家中最神聖的地方，當仁波切或上師來家裡拜訪時，他們會在佛堂或佛龕旁邊修法，有時也會在那裡過夜。佛龕周圍是保留給宗教修持的場所，只有仁波切、上師或僧人才能在那裡過夜。

第十七章

認識唐卡的神聖性

三寶

如果唐卡繪製得當，那麼唐卡內的本尊就會活靈活現，並散發清淨之光。注視這樣的唐卡將可得到指引和智慧，有時還能如願以償。

從遵照釋迦牟尼佛本人指示所繪的第一幅唐卡開始，我們有許多關於唐卡和雕像的故事。從古至今，一直都有許多令人信服的有關唐卡神聖性的故事。

相機怎麼會故障？

二〇〇〇年時，我參訪了藏東一座由康巴國王所建造的寺院。當時帶領我們團體參觀（以及監視我們）的是一位中國男士，他只給我們很短的時間參觀整座寺院，所以我們的動作必須非常迅速。現場共有大約三十個外國遊客，我是最後一個進入寺院參觀的人。

我們四處參觀，當走到三樓時，那裡燈光昏暗，我看到很多的酥油燈，燈火照亮了一幅垂掛了很多卡達（藏khata，白絲巾）供養的壁畫。在那個窄小的地方，香煙繚繞，我的身體霎時如遭電擊，我當下便意識到這個氛圍散發出一股強大的能量。我停下來看，但是在昏暗的燈光下，卻什麼也看不清楚，我很想要看得更清楚一點，但是由於時間很緊迫，所以我決定用相機先拍下來，之後再慢慢地研究。

我帶了一台很棒的專業相機，這部相機從未出過差錯，但就在此時，相機居然故障了。我試了五、六次，每次都卡住，我感到很失望，搞不清楚相機到底是哪裡出了問題。結果我錯失了拍照的良機，最後只好跟著團體繼續參觀。

當天晚上，我一直在回想在寺院裡發生的事情。相機怎麼會壞掉呢？我想要再檢查一下，原本預期它應該會再次卡住，但是當我回到飯店房間再度檢查相機時，卻發現它根本沒有問題。

令人嘖嘖稱奇的聖像

隔天我起得很早，迎接著美好的一天。我回到那座寺院做繞行，在繞行時，我遇到一位從那個地方來的老僧人，我請教他有關自己在三樓見到的景象，我問：「那個地方有什麼特別的呢？為什麼有很多的酥油燈、卡達和香呢？」

僧人回答我：「噢！你講的是綠度母那個地方。」

我再問一次：「那個地方有什麼特別的呢？」

他說：「因為那幅綠度母曾經多次開口說話。」

我告訴他，我試圖要拍照但拍不成，他回答：「那種情況經常發生。」僧人告訴我，那幅綠度母畫像曾經預言會有火災和地震。

我對他所說的話毫無懷疑，因為我是一位唐卡畫師，曾聽過其他的畫像和雕像也發生過同樣的故事。

即使在近代，也有很多第一手的報導，而且許多預言都已成真。眾所周知，拉薩大昭寺的度母畫像就曾經開口說話。另外，我還聽過西藏佛學大師蔣揚．欽哲．旺波（Jamyang Khyentse Wangpo, 1820-1892）從他的白度母唐卡領受許多的預言、教導和殊勝的灌頂，這幅白度母唐卡會散發出神奇的光芒和數不清的淨相。

蓮花生大士像（西藏桑耶寺）

拉薩桑耶寺曾有一尊蓮花生大士像，這尊塑像曾開口說：「我看起來很像蓮花生大士。」（藏 Guru Nga Dama）。（照片／10 x 13"）

靠近拉薩的桑耶寺曾經有一尊蓮花生大士像，這尊塑像曾經開口說：「我看起來很像蓮花生大士。」從那時起，這尊塑像就被稱為「蓮師如我像」（藏 Guru Nga Dama，**右圖**）。

類似這樣的故事很多，如果請教你的西藏上師的話，他可能會告訴你一些。

第十八章

我記得的一則故事

當人們觀看一幅非比尋常的唐卡時，常常會感覺到跟這幅唐卡所畫聖像之間的深刻連結，以至於能聽到這位聖者對他們說話。這在西藏各地都曾發生過。

現代人選擇唐卡的原因，可能是因為唐卡很搭配家裡牆壁的顏色，或是掛在客廳看起來很美觀，又或者是他們喜歡西藏的藝術與工藝。這樣也許很好，因為唐卡還是會有益於這些人和環境，但是如果大家能夠更了解唐卡真正的寓意，那就太棒了！如果他們熟悉唐卡的深層含意，也許某一天當他們遇到諸佛、菩薩、本尊和瑪哈嘎拉時，就能認出他們。

只有半個綠度母經過

西藏書法：吉祥如意

我在一九六〇年代時是個年輕的僧人，我非常幸運地被選為印度索那達寺（Sonada Monastery）極尊貴的卡盧（Kalu）仁波切的侍者。我記得他講了一個發生在西藏的故事，那是當地人告訴他的。

曾經有對老夫妻一直以來都會幫助鄰村每年一度的穀物收成。在西藏，尤其是藏東，鄰村通常是在好幾里之外。某一年，這對老夫妻覺得已經難以負荷這趟旅程和工作，於是便派自己的女兒代替他們去幫忙收成。他們的女兒前去幫忙，整天都非常辛勤地工作，到了傍晚，她告訴這些鄰居自己必須趕回家為剛出生的孩子餵奶。

夕陽逐漸西沉，天色愈來愈暗了，她回家唯一的路得穿過一座跨越大河的橋。根據當地的習俗，人們天黑之後就不會過橋了，因為過橋會被餓鬼吃掉。這位年輕媽媽知道了之後，心裡十分害怕，但是她必須回家餵寶寶喝奶，因此她別無選擇地必須過橋。但是怎麼過橋呢？

她記得父母親非常虔誠地信奉綠度母，他們每天都念誦綠度母咒，所以她呼喚綠度母：「度母啊！我從未向您請求過任何事情，但是因為我小孩的緣故，今天我必須請求您的協助。」她閉上眼睛祈請：「我把自己交給您，請您保佑我。」

然後，她開始念誦綠度母心咒，但很可惜的是她不記得整句咒語，所以當她過橋時，就反覆地念誦記得的部分。她以這樣的方法抵達了家門，十分感激綠度母護佑她平安回家。後來，那條河的大鬼王問他的嘍囉說：「今晚有沒有任何人類過橋呢？」嘍囉回答：「沒有，只有半個綠度母經過。」

所以，同樣地，如果你的唐卡不是以正確的方法繪製，就算只有一半是正確的，這樣還是會帶來利益。

進入唐卡殊勝的心靈境界

如果唐卡是根據聖典與古法來正確繪製，而且畫師也保持身、語、意的清淨，那麼繪製唐卡這樣的行持就會把唐卡畫師帶到一個較高的體證層次。同樣地，一幅經過合宜方法繪製的唐卡會把觀看者帶到一個嶄新的層次——較高的心靈境界。我們知道自古以來有許多西藏人和其他各地的人，都曾受到神聖西藏唐卡的啟發，他們透過祈願、禪修和觀想的方法達到殊勝的心靈境界。你的唐卡可能會為你帶來諸佛、菩薩、本尊和護法的灌頂加持，但願如此。

願一切眾生皆能遠離諸苦，得獲究竟樂。

致謝詞

我要萬分感激所有協助本書出版的人，每個人都以各自的方式為這本書貢獻心力。

首先我要感謝丹津（Tenzin）喇嘛的協助和建議。再來，要非常感謝陳玲瓏的鼎力相助。還有，感謝保羅（Paule）和埃米特・馬克思（Emmett Marx）以和善且專業的態度為我執行本書的最後編輯，他們長期以來都一直支持我的工作。謝謝漲潮國際（Rising Tide International）的大衛（David）和安娜・雷思（Anna Less），他們一直鼓勵我持續繪畫與教學。感謝琳達（Linda）與理查・霍爾（Richard Hall），他們是經常鼓勵我的多年好友。感謝莉莎・卡爾森（Lise Carlson）提供極有見地的編輯意見。感謝多年來委託我繪製唐卡的所有施主，我還要特別謝謝我在世界各地的許多學生。最後，感謝呈現在本書中那些相關作品的所有知名和不知名的唐卡畫師。

《為自己選對一幅唐卡》（*The Sacred Thangka that Speaks to You*）是由橡實文化建議

出版，其中部分內容也會出現在我即將出版的《神聖的線條》（*Sacred Lines*）一書中。我衷心感激諸位善友、贊助者與學生耐心地等候它的完成。這本篇帙龐大的《神聖的線條》，對於喇嘛、唐卡畫師、學生、博物館館長、史學家與收藏者們都會有實質的助益。它是獻給現在與未來的藏傳佛教唐卡畫師的一份禮物，書中對於構圖、造像度量、顏色、技法和畫像的意義及重要性都提供了具體的說明，讓大家有所遵循。這些深具影響力的神聖唐卡，是傳遞祝福至後世以利益一切眾生的利器。

BM0030R

為自己選對一幅唐卡：
西藏唐卡繪畫大師帶路，讓你選對唐卡，創造自己的心靈聖境

作　　者　蔣詠・辛傑
譯　　者　林瑞冠、賴隆彥
文字編輯　釋見澈
特約編輯　曾惠君
美術構成　吉松薛爾
校　　對　魏秋綢

總 編 輯　于芝峰
副總編輯　田哲榮
業務發行　王綬晨、邱紹溢、劉文雅
行銷企劃　陳詩婷

出　　版　橡實文化 ACORN Publishing
地址：新北市 231030 新店區北新路三段 207-3 號 5 樓
電話：（02）8913-1005 ◇ 傳真：（02）8913-1056
E-mail 信箱：acorn@andbooks.com.tw
網址：www.acornbooks.com.tw

發　　行　發行：大雁出版基地
地址：新北市 231030 新店區北新路三段 207-3 號 5 樓
電話：（02）8913-1005 ◇ 傳真：（02）8913-1056
讀者服務信箱：andbooks@andbooks.com.tw
劃撥帳號：19983379 ◇ 戶名：大雁文化事業股份有限公司

印　　刷　中原造像股份有限公司
二版一刷　二〇二四年七月
定　　價　五百五十元
I S B N　978-626-7441-36-7

國家圖書館出版品預行編目（CIP）資料

為自己選對一幅唐卡 ： 西藏唐卡繪畫大師帶路, 讓你選對唐卡, 創造自己的心靈聖境 / 蔣詠・辛傑(Jamyong Singye)作 ; 林瑞冠, 賴隆彥譯. -- 二版. -- 新北市 : 橡實文化出版 : 大雁出版基地發行, 2024.07

176面 ;17×23公分

譯自 : The Sacred Thangka that Speaks to You

ISBN 978-626-7441-36-7(平裝)

1.CST: 唐卡 2.CST: 佛教藝術 3.CST: 藏傳佛教

224.52　　113006488